本书为以下项目的阶段性成果：
国家社科基金一般项目（14BGL012）
安徽省高校优秀青年人才支持计划项目
安徽大学引进人才资助项目

Industry Convergence

产业融合

中国生产性服务业与制造业竞争力研究

杨仁发 著

北京大学出版社
PEKING UNIVERSITY PRESS

图书在版编目(CIP)数据

产业融合:中国生产性服务业与制造业竞争力研究/杨仁发著.—北京:北京大学出版社,2018.6

ISBN 978-7-301-29568-7

Ⅰ.①产… Ⅱ.①杨… Ⅲ.①生产服务—服务业—关系—制造工业—产业发展—研究—中国 Ⅳ.①F719②F426.4

中国版本图书馆CIP数据核字(2018)第115599号

书 名	产业融合——中国生产性服务业与制造业竞争力研究 CHANYE RONGHE
著作责任者	杨仁发 著
责任编辑	杨丽明
标准书号	ISBN 978-7-301-29568-7
出版发行	北京大学出版社
地 址	北京市海淀区成府路205号 100871
网 址	http://www.pup.cn 新浪微博:@北京大学出版社
电子信箱	pkuwsz@126.com
电 话	邮购部 62752015 发行部 62750672 编辑部 021-62071998
印刷者	三河市博文印刷有限公司
经销者	新华书店
	730毫米×980毫米 16开本 14.5印张 212千字 2018年6月第1版 2018年6月第1次印刷
定 价	58.00元

未经许可,不得以任何方式复制或抄袭本书之部分或全部内容。
版权所有,侵权必究
举报电话:010-62752024 电子信箱:fd@pup.pku.edu.cn
图书如有印装质量问题,请与出版部联系,电话:010-62756370

序

改革开放 40 年来，中国实现了经济总量在世界上处于领先位置，经济实力明显增强，产业结构明显改善，制造业取得巨大成就，成为世界"制造大国"。党的十九大报告提出，贯彻新发展理念，建设现代化经济体系，加快建设制造强国，促进中国产业迈向全球价值链中高端；同时提出加快建设实体经济、科技创新、现代金融、人力资源协同发展的产业体系，这是对中国现代化产业体系建设提出的总体发展路径。2015 年，国家实施"中国制造 2025"战略，提出中国制造强国建设分"三步走"，实现中国综合实力进入世界制造强国前列。中国要从世界"制造大国"向"制造强国"转变，必须摆脱依靠资源环境消耗、长期处于价值链低端、低附加值和低利润空间的局面，不断提高制造业竞争力。而在中国制造业发展过程中，技术创新对制造业支撑薄弱，关键核心技术亟待突破，现代金融、人力资源等高端生产性服务业与制造业融合不足，这些均表明我国生产性服务业对产业发展特别是制造业发展支撑不足。

正是基于此背景，本书以中国生产性服务业与制造业竞争力关系为研究主线，从中国生产性服务业和制造业发展现状入手，理论与实证分析中国生产性服务业水平发展与集聚发展对制造业竞争力的作用；从影响生产性服务业发展的需求和供给角度，分析产业融合对生产性服务业发展的作用，实证分析中国生产性服务业水平发展影响因素，并运用空间面板模型分析中国生产性服务业集聚发展影响因素；从产业融合的视角，理论分析生产性服务业增强制造业竞争力的过程，以价值链理论为基础，探索生产性服务业与制造业融合过程模型和融合效应，分析生产性服务业与制造业融合基础动力、内在动力、外在动力以及融合模式；根据中国投入产出表，测算中国生产性服务业产业融合水平。最后，总结理论和实证研究结论，提出相应的政策建议。总的来看，全书思路清晰、内容丰富、观点鲜明。

本书最重要的创新是，通过理论分析认为产业融合是生产性服务业增强制造业竞争力的有效途径，生产性服务业与制造业融合过程实质是价值链分解和重构整合的过程，体现为生产性服务业与制造业价值链基本活动的关系性融合以及生产性服务业与制造业价值链辅助活动的结构性融合，并从产业融合角度提出促进制造业竞争力提升的政策建议。这对于更好地提升中国制造业竞争力、实现中国制造业向全球价值链中高端攀升、建设现代化产业体系具有重要的理论价值与实现意义。

本书是杨仁发博士学术道路上的一个重要成果，其研究成果对指导"'四个协同'发展产业体系建设"具有重要价值，同时说明这一研究课题具有超前意识。杨仁发博士围绕产业经济学已取得一系列的学术成果，希望以此书出版为契机，继续努力耕耘，多出好成果、标志性成果，逐渐形成自己的学术风格，为推动中国产业发展做出更多贡献，为构建中国特色社会主义经济理论体系做出自己应有的贡献。

是为序！

中国社会科学院工业经济研究所副所长，研究员
中国社会科学院研究生院教授，博士生导师
2018年6月6日

目　录

第一章　引　言 1
　　第一节　研究背景与意义 1
　　第二节　研究内容与研究方法 8
　　第三节　本书的创新点与不足 13

第二章　文献综述 16
　　第一节　生产性服务业概念综述 16
　　第二节　制造业竞争力内涵综述 20
　　第三节　生产性服务业与制造业竞争力关系综述 23
　　第四节　产业融合综述 33
　　第五节　本章小结 38

第三章　中国制造业与生产性服务业发展现状与趋势 40
　　第一节　中国制造业发展现状 40
　　第二节　中国生产性服务业发展现状 53
　　第三节　中国制造业与生产性服务业发展趋势 66
　　第四节　本章小结 71

第四章　中国生产性服务业水平发展与制造业竞争力分析 73
　　第一节　问题的提出 73
　　第二节　理论分析 74
　　第三节　制造业效率的测算 77

第四节　实证分析 …………………………………………… 81
第五节　本章小结 …………………………………………… 91

第五章　中国生产性服务业集聚发展与制造业竞争力分析 …………… **93**
第一节　问题的提出 ………………………………………… 93
第二节　理论分析 …………………………………………… 94
第三节　计量模型、方法与数据 …………………………… 97
第四节　实证分析 …………………………………………… 100
第五节　生产性服务业集聚对制造业竞争力外部性效应
　　　　分析 ………………………………………………… 106
第六节　本章小结 …………………………………………… 109

第六章　中国生产性服务业水平发展影响因素分析 …………………… **111**
第一节　问题的提出 ………………………………………… 111
第二节　理论假设 …………………………………………… 113
第三节　计量模型、方法与数据 …………………………… 118
第四节　实证结果与分析 …………………………………… 120
第五节　本章小结 …………………………………………… 130

第七章　中国生产性服务业集聚发展影响因素分析 …………………… **132**
第一节　问题的提出 ………………………………………… 132
第二节　理论假设 …………………………………………… 134
第三节　计量模型、变量与方法 …………………………… 138
第四节　实证分析 …………………………………………… 140
第五节　稳健性检验 ………………………………………… 148
第六节　本章小结 …………………………………………… 151

第八章 产业融合：生产性服务业增强制造业
  竞争力的有效途径·· **153**
  第一节 问题的提出··· 153
  第二节 生产性服务业与制造业融合过程模型与效应······ 157
  第三节 生产性服务业与制造业融合动力····················· 162
  第四节 生产性服务业与制造业融合模式····················· 166
  第五节 本章小结·· 170

第九章 中国生产性服务业与制造业的融合水平·············· **173**
  第一节 中国生产性服务业与制造业融合的基础条件······ 173
  第二节 中国生产性服务业与制造业的融合水平············ 176
  第三节 本章小结·· 187

第十章 结论、政策建议及展望·································· **190**
  第一节 结论·· 190
  第二节 政策建议·· 198
  第三节 研究展望·· 203

参考文献·· **205**

后　记·· **226**

第一章 引 言

第一节 研究背景与意义

一、研究背景

随着经济的发展，服务业在经济发展中的地位不断上升，20世纪60年代初，世界主要发达国家的经济发展中心开始转向服务业，全球产业结构逐渐由"工业经济"向"服务经济"转型。据世界银行的统计，1980年，世界服务业增加值占总GDP的55.5%，到2006年，这一比例已增加到69.8%；目前，服务业占GDP的比重在发达国家高于70%，在中等收入国家为50—60%；2007年，欧盟27国服务业占GDP比重为71.7%，美国这一比例为77.2%。[①] 在这一发展过程中，研发服务、金融服务、人力资本服务、信息服务、物流服务等生产性服务业发展迅速，发达国家生产性服务业的增长速度在经济发展中始终处于领先地位，生产性服务业增加值占服务业的比重均超过50%，生产性服务业在经济发展中的作用已经突显，现已成为发达国家经济增长的牵引力。

改革开放以来，我国是世界上经济发展速度最快的国家之一，实现了近40多年来年均9%以上的快速增长，经济实力明显增强，2015年GDP为689052.1亿元，人民生活水平得到显著提高；与此同时，我国产业竞争力显著提高，产业结构也得到明显改善，三次产业结构比例由

---

① 资料来源：世界银行数据库。

1978 年的 28.2∶47.9∶23.9 变为 2015 年的 8.8∶40.9∶50.2。在我国产业发展过程中，制造业已取得巨大成就，成为世界"制造大国"，2010 年，我国制造业增加值占全球比重提升到 18.70%，超过美国，规模位居世界第一，这一比例在 1990 年仅为 3.10%，2000 年为 8.20%。[①] 在我国劳动成本较低、跨国公司制造业投资、基础设施建设、国家有效宏观调控等因素作用下，我国制造业在国际竞争中已经赢得了"在位优势"。我国制造业的快速发展，创造了大量的就业机会，吸纳了大批农村剩余劳动力，有效缓解了我国的就业压力。这一期间，我国服务业也得到快速发展，服务业增加值占 GDP 比例接近翻番，2014 年服务业增加值为 306738.7 亿元。与此同时，我国生产性服务业在总量上得到一定的发展，生产性服务业增加值由 2004 年的 23320.7 亿元增加到 2014 年的 118632.67 亿元。[②] 根据国务院 2007 年发布的《关于加快发展服务业的若干意见》提出的目标，到 2020 年，我国基本实现经济结构向以服务经济为主的转变，实现服务业增加值占国内生产总值的比重超过 50%，由此可以预见，我国服务业在今后将会得到更快速的发展，而作为经济发展过程中的"黏合剂"，生产性服务业也将面临快速发展的机遇。

在我国经济发展取得举世瞩目的成就时，也存在许多问题需要解决。目前从国内来看，我国经济发展对资源和能源的需求量将不断增长，国内资源和能源的供给缺口也将越来越大，资源的进口面临很多不确定因素，而诸如水资源和耕地这类不可直接贸易的资源的供给，则更成为我国经济发展的硬约束。过去粗放式发展导致国内环境承载能力日益下降，也面临国际社会巨大的压力。另一方面，随着我国工业化、城市化加快，我国土地的稀缺性已经突显，土地价格快速上升，加之我国人口老龄化加快，"人口红利"将逐渐消失，劳动力成本也将不断上升。而我国《国

---

① 资料来源：联合国贸发组织数据库。
② 由于 2004 年我国服务业统计分类的变化，为了比较的准确性，本书选取 2004 年为基期进行比较，同时，生产性服务业公布的统计数据只到 2014 年。

民经济和社会发展第十三个五年规划纲要》（简称"十三五"规划）中指出：目前，中国发展方式粗放，不平衡、不协调、不可持续问题仍然突出，空间开发粗放低效，资源约束趋紧，生态环境恶化趋势尚未得到根本扭转；同时，新型工业化、信息化、城镇化、农业现代化深入发展，这在我国人均土地、资源、能源有限，环境压力日益加大的形势下，要求我国必须探索一条新型可持续的发展道路。

我国经济发展进入新常态，处于经济发展提质增效关键阶段，面临产业结构如何调整升级的主要问题，国家实施一系列产业发展战略。2014年7月，国务院发布了《关于加快发展生产性服务业 促进产业结构调整升级的指导意见》（以下简称《意见》），这是国务院全面促进生产性服务业发展的纲领性文件。《意见》中明确指出："加快生产性服务业创新发展，实现服务业与农业、工业等在更高水平上有机融合，推动中国产业结构优化调整，促进经济提质增效升级"。2015年5月，国务院发布了《中国制造2025》，提出我国制造强国建设三个十年的"三步走"战略，到2020年，基本实现工业化，制造业大国地位进一步巩固，制造业信息化水平大幅提升；到2035年，我国制造业整体达到世界制造强国阵营中等水平；中华人民共和国成立一百年时，制造业大国地位更加巩固，综合实力进入世界制造强国前列。这样，就须进一步探索如何促进生产性服务业发展和制造业竞争力提升。

二、问题提出

在资源、能源和环境约束的条件下，如何探索一条新型可持续的发展道路是我们要解决的问题。资源、能源和环境约束最直接威胁我国产业低成本竞争优势的可持续性，我们必须转换产业竞争优势方式，这就要求我们必须促进产业结构的优化和提高产业的核心竞争力。

目前，一个突出的问题是我国产业国际核心竞争力薄弱，产业结构还不尽合理。我国制造业在取得巨大成就的同时，也有一些深层次的问题急需解决,其中最为重要的问题是如何提高制造业核心竞争力。我国制造业在参与国际分工过程中,要么从事一些劳动密集型加工的制造环节,要么从事一些资源能源消耗较大、对环境污染较大的产品的生产,在全球价值链中处于中低端环节,产品附加值较低,利润空间有限,这就导致我国制造业竞争力较低。例如,以 OEM 为主要的生产方式,企业的自主创新能力较弱,关键设备和技术依赖于进口,缺乏核心技术。同时也未能有效建立国际营销渠道和营销网络,缺乏具有国际竞争力的知名品牌,这将严重制约我国制造业国际竞争力的提升。2008 年,美国金融危机引发的全球金融危机给予我们深刻的警示,一方面,由于金融危机的影响,我国许多劳动密集型制造企业利润急剧下降,特别是在珠江三角洲和长江三角洲地区,从而造成这些企业大面积亏损,甚至倒闭,导致我国制造业出口锐减,[①] 就业压力增大。另一方面,金融危机全面爆发后,由于"去工业化"致使美国等发达国家抗危机不足的弱点充分暴露,已充分认识到不能单纯依赖金融创新和消费信贷拉动经济,重视国内产业尤其是先进制造业的发展成为当务之急,从而催生美国等发达国家的"再工业化"战略。在"再工业化"战略中,美国相继出台一系列法规和政策措施。例如,2012 年,在"A National Strategic Plan for Advanced Manufacturing"的美国政府报告中将先进制造业作为保持美国经济实力和保护国土安全的基础。2013 年美国总统奥巴马国情咨文中指出,美国的首要任务是让美国成为新的就业岗位和制造业的向往之地,核心内容是通过加速对先进制造业的技术投资,进行新一轮技术升级,从而强化美国在新一轮制造业国际竞争中的技术优势,继续保持制造业在全球的领先地位,这将对提升我国制造业竞争力带来严峻的挑战。这些事实告诉我们,经济发展应建立在产业竞争力提升和产业结构升级的基础上,而不能以劳动力和资源的比较优势为基础,否则这种经

---

① 受金融危机的影响,我国工业制成品出口增长速度 2007 年开始出现下滑,2009 年为 -15.8%,出口量为 11384.83 亿美元,比 2008 年减少 2142.53 亿美元。

济发展将是暂时的，不能持续发展。因此，我国制造业已经到了升级的"时点"，探索如何提升和增强我国制造业竞争力已迫在眉睫。

在我国经济发展中，产业结构一直是我们需要解决的问题，改革开放以来，我国产业结构得到不断改善，但是与发达国家相比，还是不尽如人意。2000—2011年，我国服务业取得较快的增长速度，但是，由于各地热衷于上大工业项目，服务业增长速度不如工业增长速度，从而使得服务业占GDP的比重没有明显改变，反而在有些年份出现下降。[①]在我国服务业发展的同时，我国生产性服务业也得到较快发展，但是生产性服务业占GDP比重以及占服务业比重较低，2004年生产性服务业增加值占GDP的比重为14.59%，占服务业的比重为35.87%，而2014年分别为18.42%和38.51%，但其中生产性服务业增加值占服务业比重在2007年和2008年连续两年出现下降。2012年以来，特别是我国经济进入新常态以来，服务业增长速度加快，逐渐成为经济增长主要动力，其中生产性服务业增长也逐渐加快。从发达国家的发展经验来看，生产性服务业发展对于优化产业结构、促进经济发展具有重要作用。从理论上看，在我国工业化与信息化进程中，尤其是制造业的发展过程中，迫切需要生产性服务业提供支撑。我国"十二五"规划也明确提出要大力发展生产性服务业，推动生产性服务业快速发展，且在2014年7月出台《意见》，提出要加快重点领域生产性服务业发展，这样，我们将面临如何促进我国生产性服务业发展、我国生产性服务业的影响因素主要有哪些等一系列问题，这些是我们目前需要解决的问题。

从产业演变的过程看，生产性服务业与制造业有着内在的联系，生产性服务业的形成是专业化分工的结果。在生产性服务业没有出现时，制造业的生产性服务主要由制造企业内部提供，随着专业化分工的加深，

---

① 从全国来看，2002—2005年，服务业占GDP比重连续三年出现下滑，从2002年的41.5%下降到2005年的40.5%。

内部交易成本的增加，制造业开始将生产性服务外包，外部生产性服务市场逐渐形成，于是出现了生产性服务业。随着生产性服务业的发展，生产性服务业专业化水平提高，市场进一步细化，制造业对生产性服务业的需求将增加，从而促进生产性服务业的进一步发展。在这样的不断发展过程中，生产性服务业与制造业的关系也不断发展，互动共生关系不断强化，随着产业内外部条件发生改变，生产性服务业与制造业出现融合发展的趋势。在这种形势下，我国在一系列文件中提出"促进生产性服务业与先进制造业融合"，这样，生产性服务业与制造业如何融合、融合的条件、融合模式等问题需要我们进一步探索。

三、研究意义

我国要从世界"制造大国"向"制造强国"转变，必须摆脱依靠资源环境消耗、长期处于价值链低端、低附加值和低利润空间的局面，不断提高制造业竞争力，实现制造业转型升级，这需要生产性服务业的支持。国内外理论和实践经验表明，生产性服务业对于推动人力资本和知识资本深化、培育产业竞争优势、促进产业结构转型升级等方面具有重要的作用。正如《意见》等一系列文件指出要推动生产性服务业加速发展，以及各级政府已认识到发展生产性服务业是我国发展成为全球制造业强国的战略要求，这表明我国政府对发展生产性服务业的重视。但是，由于我国生产性服务业发展过程中存在这样或那样的问题，对我国产业发展尤其是制造业发展和升级的支持作用还有待进一步增强。基于此，本书界定相关概念，从我国生产性服务业与制造业发展现状入手，以生产性服务业发展和制造业竞争力为主要着眼点，重点研究生产性服务业对制造业竞争力的影响、分析生产性服务业提升制造业竞争力的途径以及如何促进生产性服务业发展，这对于更好地提升我国制造业竞争力、实现产业结构优化发展以及我国经济社会战略目标具有重要意义，主要体现在以下方面：

（1）有利于我国制造业在全球价值链中向高端环节攀升。生产性服务业发展将促进我国制造业掌握产品研发、产品营销、信息咨询等高端环节，提高制造企业的自主创新能力，开发产品的核心技术，建立有效的国际营销网络，培育国际知名品牌，突破我国制造业在国际化过程中的技术、营销和品牌等方面的软约束，从而有效实现我国制造业的"走出去"战略。另一方面，生产性服务业发展将促进我国制造业内部结构优化以及提高制造业资源配置效率，促进技术和知识密集型制造业的发展，提升我国制造业核心竞争力，改变我国制造业低成本优势的竞争方式以及降低在国际贸易中遭遇由此带来的各种贸易壁垒的几率，从整体上提升我国制造业的国际竞争力，改善我国制造业"大而不强"的局面。

（2）为我国实现经济结构向以服务经济为主转变提供新思路。生产性服务业对于推动服务业发展具有重要作用，也是优化服务业内部结构的有效途径。生产性服务业发展将改变目前我国服务业内部结构不合理的局面，优化服务业内部结构。同时，生产性服务业发展将知识、技术导入制造业生产过程中，发挥"飞轮效应"，提升制造业的核心竞争力，促进制造业升级发展，而制造业的发展又将反过来增加对生产性服务业的需求，促进生产性服务业的发展，在这样一个"螺旋式上升"过程中，我国产业结构不断得到优化，服务业不断得到发展，服务业在国民经济中的比重不断提高，最终实现服务经济为主的经济结构。

（3）有利于推动我国实现新型工业化和经济发展方式的转变。目前，世界制造业的发展是以信息化为主体，信息技术的发展会从根本上改变传统制造业的发展模式。新型工业化强调生态建设和环境保护，经济发展与人口、资源、环境之间和谐共生。生产性服务业发展，将信息科技、先进知识不断地导入制造业生产过程中，将改变制造业的发展模式，同时强化知识资本和人力资本的作用，这将有利于提高资源利用效率，降低资源消耗强度，缓解制造业发展对我国环境的高污染现象，从而实现我国经济发展方式由粗放型向集约型转变,因此,我国新型工业化将更加依赖于生产性服务业的发展,生产性服务业将为新型工业化提供全方位支撑。

国内外学者无论从理论研究还是实证研究来看,对生产性服务业发展均做出了重要贡献。国内学者运用不同的理论从不同的角度分析我国生产性服务业发展及其与制造业的关系,但对生产性服务业与制造业的关系研究远未成熟和系统化,且较少有学者从产业融合的角度进行分析。本书从价值链的角度,探索生产性服务业与制造业融合过程模型、融合效应、融合动力以及融合模式,尝试分析产业融合促进生产性服务业发展的作用机理,从而揭示生产性服务业与制造业的内在联系,这对于研究生产性服务业发展以及产业融合具有一定的理论意义。

第二节 研究内容与研究方法

一、研究思路

本书的基本研究思路是:首先,在参照国内外研究的基础上,合理界定生产性服务业外延和制造业竞争力,确定我国制造业竞争力衡量指标并定量计算。在此基础上,根据我国生产性服务业和制造业发展现状和特点,从地区和行业层面实证分析我国生产性服务业水平发展与集聚发展对制造业竞争力的作用。其次,从影响生产性服务业发展的需求和供给角度,分析产业融合对生产性服务业发展的作用,实证分析我国生产性服务业水平发展的影响因素;同时,从空间经济角度实证分析我国生产性服务业集聚发展的影响因素。再次,从产业融合的视角,理论分析生产性服务业增强制造业竞争力的过程,以价值链理论为基础,探索生产性服务业与制造业融合过程模型和融合效应,分析生产性服务业与制造业融合的基础动力、内在动力、外在动力以及融合模式。复次,根据我国投入产出表,测算我国生产性服务业产业融合水平。最后,总结本书的理论和实证研究结论，提出相应的政策建议，并阐述本书研究的不足之处以及未来的研究趋势。

二、研究内容

本书的研究内容如下：

第一章为引言。主要目的是提出问题，重点介绍本书的研究背景、研究目的和研究意义，厘清本书的研究思路、研究内容和研究方法，并简要阐述本书可能的创新点和不足之处。

第二章为文献综述。本章在综述国内外研究文献的基础上，明晰生产性服务业的内涵，归纳国内外学者对生产性服务业外延的分类，根据生产性服务业内涵和中间需求率的方法，界定生产性服务业外延统计口径；同时，根据制造业竞争力的定义，结合我国制造业发展现实情况，界定我国制造业竞争力的实质内涵；并对已有的关于生产性服务业与制造业发展，以及与制造业竞争力关系的经验研究进行总结，综述国内外关于产业融合的概念、模式和效应，最后总结评述目前的研究。

第三章为我国制造业与生产性服务业发展现状与趋势分析。本章分析我国制造业取得的成就、发展面临的困境以及制造业升级的紧迫性，同时分析我国生产性服务业发展基本情况、发展过程中存在的不足；在此基础上，分析我国制造业与生产性服务业发展趋势。

第四章为我国生产性服务业水平发展与制造业竞争力分析。首先，在分析生产性服务业提升制造业竞争力作用机理的基础上，利用数据包络分析法（DEA）测算制造业全要素生产率，运用我国20个省市（自治区）样本数据，分析我国整体生产性服务业发展对制造业竞争力的影响，进而分别对东部和中西部生产性服务业发展对制造业竞争力的影响进行分析，以比较东部和中西部之间的差异。其次，分析我国生产性服务业发展对不同类型制造业竞争力的影响。最后，分析各生产性服务业细分行业发展对制造业竞争力的影响。

第五章为我国生产性服务业集聚发展与制造业竞争力分析。本章利用2004—2014年我国30个省市（自治区）的样本数据，运用系统广义矩估计方法，实证分析生产性服务业集聚对制造业效率的影响。尝试回答以下几个问题：一是生产性服务业集聚及其细分行业集聚对制造业效率影响如何？二是与制造业集聚相比，生产性服务业集聚对制造业效率影响程度如何？三是目前生产性服务业集聚是否具有边界溢出效应以及生产性服务业集聚的外部性效应如何？

第六章为我国生产性服务业水平发展的影响因素分析。根据生产性服务业发展的供给和需求影响因素，从专业化分工、工业化程度、服务效率、产业融合程度、政府规模五个方面提出理论假设，然后运用我国2004—2014年20个省市（自治区）的面板数据，从地区和行业层面实证分析我国生产性服务业发展的影响因素。

第七章为我国生产性服务业集聚发展的影响因素分析。本章主要从制造业集聚、城市化水平、创新发展水平、政府规模和工业化水平等方面提出我国生产性服务业集聚影响的理论假设，在此基础上，利用2004—2014年我国21个省市（自治区）的面板数据，运用时间固定SDM模型进行估计，实证分析我国生产性服务业集聚发展的影响因素。

第八章为生产性服务业增强制造业竞争力有效途径即产业融合分析。以价值链理论为基础，探索生产性服务业与制造业融合过程模型和融合效应，分析生产性服务业与制造业融合基础动力、内在动力以及外在动力，根据生产性服务业与制造业融合过程中价值链的相互渗透、延伸、重组作用方式，总结创新生产性服务业与制造业融合模式。

第九章为我国生产性服务业与制造业的融合水平分析。分析我国生产性服务业与制造业融合基础条件，运用我国投入产出表从行业和地区层面测算我国生产性服务业融合发展水平。

第十章为结论、政策建议及展望。总结全书的理论研究和实证研究的结论，提出相应的政策建议，并指出本书研究的局限性和将来可能的研究方向。

三、研究方法

研究生产性服务业发展、制造业竞争力与产业融合问题，涉及产业经济学、西方经济学、制度经济学、计量经济学等学科领域，内容涵盖经济、社会、制度、政策等方面，是一个涉及面较广、系统性较强的问题，为保证研究的科学性和严谨性，本书采用以下方法进行研究：

（1）定性分析与定量分析。定性分析是指研究者依据实践经验以及主观的判断和分析能力，推断事物的性质和发展趋势的分析方法。定量分析是通过对社会现象的数量特征、数量关系与数量变化的分析，揭示和描述社会现象的相互作用和发展趋势。本书采用定性分析与定量分析相结合的方法，主要体现为：一是在总结国内外研究成果的基础上，运用产业演化分析法，揭示生产性服务业与制造业之间存在的历史渊源关系，研究它们之间的演化发展过程。二是对我国生产性服务业发展和制造业发展的过程采用定性和定量相结合分析方法，以厘清我国生产性服务业和制造业发展的基本现状和特点；并运用我国投入产出表，定量分析我国生产性服务业与制造业融合水平。三是从产业融合的视角，运用价值链理论、分工理论、创新理论、演化经济学、制度经济学等理论，分析生产性服务业促进制造业竞争力的内在作用机制，探索产业融合促进生产性服务业发展的内在机理，研究生产性服务业与制造业融合过程的模型和效应。

（2）规范分析与实证分析。规范分析是以一定的社会价值判断为基础，提出分析和处理问题的标准，从而评价一个经济体系的运行情况，倾向于理性的判断，解决"应该是什么"的问题。实证分析是研究实际经济体系是怎样运行的，以及经济本身的客观规律与内在逻辑，分析经济变量之间的关系，解决"是什么"的问题。实证分析超越社会价值判断，具有客观性，并且可依据事实对研究结论进行检验。规范分析与实证分析是相对的，而非绝对的。因此，本书采用规范分析与实证分析相结合的方法，从而使得本书的论述更具有科学性和合理性。

本书在界定生产性服务业外延、制造业竞争力、生产性服务业与制造业价值链融合等方面采用规范分析方法。在实证分析方面，一是采取数据包络分析方法来分析制造业全要素生产率指数；二是运用2004—2014年我国20个省市（自治区）的面板数据，实证分析我国生产性服务业发展提升制造业竞争力的作用；三是运用2004—2014年我国20个省市（自治区）的面板数据，利用专业化分工、工业化程度、服务效率、产业融合程度、政府规模、制造业集中度、对外开放程度等指标，从地区和行业层面实证分析我国生产性服务业发展的影响因素；四是运用2004—2014年我国21个省市（自治区）的面板数据，运用时间固定SDM模型进行估计，实证分析我国生产性服务业集聚发展的影响因素。

（3）对比分析法。对比分析法是对相联系的客观事物进行比较，评价事物的本质和特征，以此判断事物在不同条件下的发展特点、归类及趋势。本书通过对比国内外学者的研究，合理界定生产性服务业外延；对比分析不同地区、不同生产性服务业细分行业对不同类型的制造业竞争力的影响；对比分析不同地区、不同生产性服务业细分行业发展影响因素；对比分析生产性服务业与制造业各细分行业间的融合水平；对比分析各省市（自治区）生产性服务业与制造业的融合水平。通过比较分析，使得分析结论更为全面，为进一步提出合理的政策建议提供基础。

纵观全书，研究方法上主要以实证分析和规范分析并重，现实背景中以定性分析和定量分析相结合，同时在实证分析过程中通过对比分析使研究更加细微，现实意义和理论意义更强。

根据前文分析的研究思路、研究内容和研究方法，提出本书的研究技术路线，如图1.1所示：

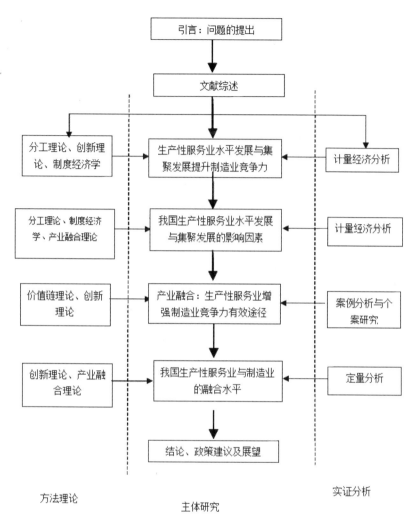

图 1.1 本书的研究技术路线

第三节 本书的创新点与不足

一、本书的可能创新点

本书的可能创新之处主要有以下几点：

（1）制造业竞争力研究是国内产业经济学研究的热点问题之一，

目前更多的学者是建立一系列评价指标进行制造业竞争力评价，这些评价指标都侧重于政策性的解释。本书认为，探清制造业竞争力的实质是研究如何提升制造业竞争力的基础，结合国内外研究成果以及中国制造业目前的发展阶段和特点，认为提升制造业竞争力的实质是提高制造业生产效率，因此，本书从制造业全要素生产率的角度衡量制造业竞争力，从而进一步补充对制造业竞争力的评价方法。在测算制造业全要素生产率时，本书以固定资本与流动资本之和作为资本投入的基础数据，这不同于目前大多数研究中只以固定资本作为资本投入进行衡量。

（2）本书从影响生产性服务业水平发展的需求和供给角度提出相应的理论假设，且考虑了在以往研究中被忽略的一个较为重要的因素——产业融合。本书通过实证分析得出产业融合程度对中国生产性服务业发展的影响大小，以及与专业化分工、工业化程度、服务效率、制度因素等其他因素相比较，分析产业融合程度对生产性服务业发展影响的大小。

（3）本书以价值链为视角，分析生产性服务业与制造业的融合过程模型、融合效应以及融合模式。本书认为，生产性服务业与制造业融合过程实质是价值链分解和重构整合的过程，即生产性服务业与制造业价值链基本活动的关系性融合以及生产性服务业与制造业价值链辅助活动的结构性融合。生产性服务业与制造业融合将在创造出更高顾客价值的基础上获得企业经济绩效的增长，提高基本生产运营效率，同时也将实现分工带来的专业化经济效果，进一步提高规模递增的经济效应，改善资源配置效率，从而促进制造业竞争力的提升。根据生产性服务业与制造业价值链之间作用方式的不同，生产性服务业与制造业融合可分为互补型、延伸型、替代型融合模式。

（4）本书确定产业融合水平的计算方法，从行业和地区层面测算我国生产性服务业与制造业的融合水平，以期从产业融合的角度为更好地制定提升制造业竞争力的政策建议提供参考。

二、本书的不足

本书在研究过程中，存在以下不足之处：

（1）本书对生产性服务业与制造业融合过程、融合效应和融合模式进行理论分析，但是这需要在实践中去检验，特别是目前在我国制造企业和生产性服务企业发展过程中，较少有融合的成功案例，这需要企业不断去探索采用何种模式取得的效应最佳。

（2）本书尝试对于生产性服务业与制造业融合水平进行定量测算，但是这种测算由于数据的问题没能考虑动态变化，这将在一定程度上影响对产业融合程度及其发展的判断。同时，这种方法也只是近似的计算方法，是在现有条件下所能进行的测算，需要在以后的研究中不断探索新方法，特别是运用微观层面数据的计算方法。

第二章 文献综述

第一节 生产性服务业概念综述

从逻辑学的角度来看，概念是事物的内涵和外延的统称，任何的概念都应包括这两个方面。内涵是指概念所反映对象的本质属性和特征的总和，外延是指概念所反映对象的数量或具体范围。因此，只有了解生产性服务业的内涵与外延两个方面，才能更为全面深刻地理解生产性服务业的概念。

一、生产性服务业含义

生产性服务业最早由 Greenfield（1966）系统提出。Greenfield 将生产性服务业定义为企业、非营利组织和政府向生产而不是消费提供的服务，主要是生产企业外购的服务，而不是企业自己提供的服务，如交通运输、数据处理、设备租赁、金融服务等。之后，许多学者从服务功能、服务对象、服务提供者等不同的角度提出生产性服务业的含义。Browning and Singelmann（1975）将为农业、工业以及其他服务业提供中间投入的行业认为是生产性服务业，主要由向产品生产者或与各种资产形式相关的个人提供服务的行业构成。Marshall and Wood（1987）认为，生产性服务业是指满足商业或中间需求的服务业。Watts（1987）认为，生产性服务业不仅仅是提供给生产性服务业的服务，而是满足商业或中间需求的服务，是由向其他服务部门和生产部门提供服务的行业构成。Grubel and Walker（1989）认为，生产性服务业是指生产者通过市场购买的，用于进一步的产品生产或服务提供的服务。Coffey and Bailly（1989）认为生产性服务业是投入到产品生产以及其他服务生产过程，用以满足中间需求的部门。Harrington and Campbell（1997）认为，生产性服务业是为了满足企业的生产和销售需求而参与服务活动的集合体。Shearmur and Doloreux（2008）认为，生产性服务业实质上是中间服务部门，其服务对象是其他企业，而不是个人。从上述的定义中可以看出，学术界对生产性服务业的"中间投入"这一重要特征达成共识。因此，本书概述生产性服务业的含义，即在产品生产和服务提供过程中，作为中间投入的服务的部门和行业。

二、生产性服务业外延

虽然对生产性服务业的含义达成一定的共识，但是对于生产性服务业的外延统计口径却存在较大的争议，国内外不同的学者使用不同的统计口径，主要原因就是有的行业既提供生产性服务，又提供消费性服务，在分析时就存在不同归类。李善同、高传胜（2008）认为，目前生产性服务业的外延存在狭义和广义两种观点。狭义的观点认为，生产性服务业主要包括作为三次产业中间投入的那部分服务，而广义的观点认为生产性服务业不仅包括满足三次产业的中间使用需求的服务，还包括满足政府消费、资本形成、出口等最终使用需求的服务，即生产性服务业是指除满足消费者最终消费需求的服务之外的所有服务。

本书首先对国内外主要学者对生产性服务业外延的界定进行统计，具体见表2.1所示。从这些外延分类来看，大部分行业形成一致的意见，如金融保险业、商务服务业、科技服务业，而小部分行业却存在一定的争议，如房地产业、批发零售业。

表 2.1 国内外主要学者对生产性服务业外延的界定

学者	生产性服务业外延
Browing and Singlemann（1975）	保险、会计、银行、借贷以及其他金融业务、工程与建筑服务、商业服务、房地产
Marshall, Wood（1987）	企业内部的管理、金融服务、研发、法律服务、广告、营销
Markusen（1989）	工程咨询、管理咨询、营销服务、银行、保险
Francois（1990）	工程服务、金融服务、管理服务、信息处理服务、咨询服务
Goe（1991）	工程服务、房地产、金融服务、保险、建筑与咨询服务、法律服务、商业服务
Harrington and Campbell（1997）	金融保险服务、法律服务、房地产服务、商业服务
Moyart（2005）	零售服务、金融保险、商业服务、通信服务、房地产服务、运输服务、租赁服务
李冠霖（2002）	运输及仓储业、金融保险业、商务服务业、通信业、房地产业
程大中（2006）	金融服务、信息服务(计算机及相关服务、通信服务、软件服务)、专业服务(会计和律师服务、咨询服务)、其他(教育服务、生产性政府服务)
顾乃华等（2006）、江静等（2007）	交通运输、仓储及邮电通信业、金融保险业、科学研究和综合技术服务业
任旺兵、刘中显（2008）	交通运输业、批发零售业、金融保险业、通信业、房地产业、商务服务业
毕斗斗（2009）	交通业、批发贸易业、金融保险业、通信业、房地产业、商务服务业

资料来源：作者根据相关资料整理得到。

对于既提供生产性服务也提供消费性服务的行业，争议比较大，Goodman and Steadman（2002）、李冠霖（2002）、尚于力等（2008）使用"中间需求率"进行判断。Goodman and Steadman（2002）运用美国 2000 年投入产出表界定生产性服务业外延时，将中间需求率大于60%的服务业界定为生产性服务业，将中间需求率小于 40%的服务业界定为消费性服务业，而中间需求率在 40%—60%的服务业界定为混合服务业。李冠霖（2002）运用我国 1997 年的投入产出表界定我国生产性服务业外延，将中间需求率大于 50%的服务业界定为生产性服务业，中间需求率低于 50%的服务业界定为消费性服务业。

三、本书关于生产性服务业外延的界定

生产性服务业外延上的统计口径不一致可能导致分析结果出现偏差，因此，无论从理论政策分析还是实证研究的角度来看，均有必要对生产性服务业的外延进行界定。对于如何合理科学界定生产性服务业外延，这里从两个方面进行判断，首先从生产性服务业含义上进行界定，如果该行业是为产品生产和服务提供过程中作为中间投入的服务的行业，则该行业就属于生产性服务业，如科学技术服务。在此基础上，对于既提供生产性服务也提供消费性服务的行业，本书使用"中间需求率"的动态变化进行判断，以 2007 年投入产出表为基础，计算 2007年的部分服务业中间需求率，见表 2.2 所示，对于计算结果中间需求率在50%左右的服务业，本书将考虑这个行业的中间需求率的动态变化，即分别计算 1997、2002 年该行业的中间需求率。从表 2.2 中可以看出，房地产中间需求率为 25.1%，远低于 50%，因此，这里不将其划为生产性服务业。批发和零售贸易业的中间需求率为 51.7%，这里将考虑其动态变化，分别计算其 1997、2002 年的中间需求率，结果分别为63.7%、58.7%，因此，考虑动态变化，中间需求率不断下降，不宜将其划为生产性服务业。而信息传输、计算机服务和软件业、住宿和餐饮

业虽然中间需求率也在50%左右，但是根据生产性服务业含义，本书将信息传输、计算机服务和软件业归为生产性服务业，而将住宿和餐饮业不划为生产性服务业。

表2.2 2007年部分服务业中间需求率

行业	中间需求率（%）	行业	中间需求率（%）
交通运输、仓储和邮政业	75.0	租赁和商务服务业	64.7
信息传输、计算机服务和软件业	54.2	科学研究、综合技术服务	71.8
批发和零售贸易业	51.7	房地产	25.1
住宿和餐饮业	56.7	金融业	76.4

资料来源：根据2007年投入产出表计算得到。

因此，综合上述分析，我国生产性服务业外延统计上，本书将交通运输、仓储和邮政业，信息传输、计算机服务和软件业，金融业，租赁和商务服务业，科学研究、技术服务和地质勘查业这五个细分行业归为生产性服务业，这种划分方法与国内部分学者一致，如顾乃华（2011）、宣烨（2012）。

第二节 制造业竞争力内涵综述

一、制造业竞争力内涵

20世纪70年代末，国外学者开始对竞争力进行研究。1978年，美国技术评价局开始研究美国工业的国际竞争力。1983年，日本通产省对美国和日本的产业竞争力进行比较研究。1983年英国、1985年德国相继对本国产业竞争力进行比较研究。目前，总部设在日内瓦的"世界经济论坛（WEF）"和洛桑国际管理发展学院（IMD）每年出版国际竞争力报告。Port 在 1990 年出版的《国家竞争优势》中，首次提出产业竞争力这一概念，并提出"钻石模型"，认为一个国家的产业国际竞争力取决于生产要素、需求条件、相关产业与支持产业、企业的战略结构与竞争对手四个基本因素，以及 "政府"与"机会"两个外生因素，这为研究产业竞争力提供坚实的理论基础。

制造业竞争力是产业竞争力在制造业领域的具体应用。对于制造业竞争力，国内外学者给出不同定义。千庆兰（2006）认为，制造业竞争力是指制造业所表现出来的产业综合实力、所提供的产品或服务的能力以及在可预见的未来的发展潜力。杨洪焦、孙林岩、宫俊涛（2007）认为，制造业竞争力是指制造业在市场竞争环境下，所具有的持续、高效创造价值的能力。徐斌（2009）将制造业竞争力定义为一个国家或地区的制造业比其他国家或地区的制造业能更有效率地向市场提供产品或者服务的综合素质。同时，一些学者建立一系列评价指标进行制造业竞争力评价，如赵文丁（2003）、赵彦云（2005），这里一些评价指标侧重于政策性的解释，没有根据目前我国制造业发展阶段进行特定的分析。

金碚（2003）从经济学的角度出发，认为竞争力的实质是指经济效率或生产效率的差异，对于竞争力的经济学研究主要集中于成本—价格差异化现象，制造业竞争力是受多种因素综合作用的结果，这些因素可以归纳为比较优势和竞争优势两类，比较优势倾向于一个国家所具备的资源禀赋，竞争优势则强调产业发展所采取的策略。同时，Porter（1980，1985）、Krugman（1993）等学者都一致认同竞争力的实质是生产效率的观点。Hayes（1984）、Hayes and Wheelwright（1985）均认为，效率是反映竞争力强弱的极为重要的指标。Oral（1993）基于企业数据构建竞争力模型，也论证了这一观点。而 Oral，Cinar and Chabchoub（1999）通过构建基于效率参数的产业竞争力模型，从产业层面进一步论证了这一观点。李金华、李苍舒（2011）认为，制造业的升级是优化制造业行业结构，提高制造业生产效率，增加制造业产品的附加值。黄群慧（2015）认为，产业结构升级的本质是生产率提高，不能仅仅依靠三次产业数量比例来判断产业结构的合理化和高级化程度，而应着力提高劳动生产率，这是产业结构调整的主线。

二、制造业竞争力内涵界定

为更好地理解我国制造业竞争力实质，有必要结合我国目前制造业情况进行分析。我国制造业借助先行一步的市场化改革，经过30多年，已取得长足的进步和发展，在总量上不断增长，行业结构上不断优化。从总量上看，根据我国工信部数据，2011年，我国制造业规模位居世界第一，制造业增加值占全球比重为19.80%，220余种工业产品产量都位居世界前列，我国已经成为名副其实的全球制造业大国和世界工厂；[①] 从行业结构上看，我国制造业基本以资本密集型和劳动密集型为主，特别是煤炭采选业、石油和天然气开采业等资本密集型所占比重较大。虽然近年来我国高技术和中高技术密集型制造业发展较快，但是所占比重依然较低，其中高技术制造业所占比例一直低于5%，还处于比较薄弱的发展阶段。同时，在我国制造业发展过程中，积累的一些问题也日益突显，例如，高技术含量比重偏低，产业结构低度化问题突出，依然没有摆脱高投入、高消耗、高排放的粗放式发展模式，正面临资源能源紧张、生态环境严重污染的压力，并且自主研发能力较低，关键技术的对外依存度高达50%以上，在国际分工中，处于价值链的低端。正因为存在这些问题，我国制造业迫切需要提升产业竞争力。

一方面，根据目前我国制造业主要以资本密集型和劳动密集型为主的特点，金碚（2003）认为，劳动力和资源是我国制造业的比较优势，这样，如果想将我国制造业的比较优势转化为竞争优势，需进一步提高制造业中的劳动密集型和资本密集型制造行业的生产率。另一方面，根

---

① 资料来源：http://www.askci.com/news/201211/27/151137_03.shtml。

据维多尔恩（1949）提出的维多尔恩定律，生产率变化与产出增长率之间存在着正向关系，即生产率的增长将导致产出的增长，这样，从投入产出的角度来看，提升制造业竞争力的实质是以较少的投入生产出较多的产出，而产出的增长却与生产率密切相关（王亚男，2011）。同时，根据 Porter（1980，1985）、Krugman（1993）、Hayes（1984）、Hayes and Wheelwright（1985）、Oral（1993）、Oral，Cinar and Chabchoub（1999）、黄群慧（2015）等的观点，结合目前我国制造业的发展阶段和发展特点，本书认为，提高制造业竞争力主要通过提升制造业生产效率来实现，因此，本书将制造业竞争力提升与制造业生产效率提高在很大程度上是合二为一的。①

第三节 生产性服务业与制造业竞争力关系综述

本书首先对国内外学者关于生产性服务业与制造业的关系进行梳理，厘清生产性服务业与制造业的关系，进一步从理论和实证层面综述国内外学者对生产性服务业与制造业竞争力（效率）的研究。

一、生产性服务业与制造业关系

（一）理论研究

从20世纪80年代开始，国内外学者对生产性服务业与制造业之间的关系展开了较为深入的研究，主要可归纳为"需求遵从论""供给主导论""互动论"和"融合论"四种观点（陈宪、黄建锋，2004；顾乃华等，2006；邱灵等，2007）。

一是"需求遵从论"。这种观点认为，制造业是服务业（生产性服务业）发展的前提和基础，而服务业（生产性服务业）是制造业的补充，正如

---

① 国内部分学者已采用这一观点进行制造业竞争力的研究，例如，顾乃华（2006）、王亚男（2011）。

Cohen and Zysman（1987）、Geo（1991）、Rowthorn and Ramaswamy（1999）、Klodt（2000）、Guerrieri and Meliciani（2003）等学者的观点。Cohen and Zysman（1987）强调，由于服务业的主要需求部门为制造业，如果没有制造业则几乎没有对服务业的需求，因此，服务业的发展必须依赖于制造业的发展。Geo（1991）认为，由于制造业内部存在的技术缺陷，使得制造企业需要服务外包来获得相关服务，形成对生产性服务业的需求，这将使得生产性服务业不断发展。张世贤（2000）认为，工业要成为服务业的需求和市场，只有在工业化和城市化达到一定的水平下才能实现，因此，我国应进一步增加工业投资，不断提高工业在国民经济中所占的比例。江小涓、李辉（2004）认为，我国服务业虽然在过去的20多年里并没有实现预期的快速增长，但这并未成为我国经济增长的主要障碍，其实这一结论也隐含在经济增长中服务业发展处于从属地位中。

二是"供给主导论"。这种观点认为，服务业特别是生产性服务业处于供给主导地位，是提升制造业竞争力的基础和前提，制造业的竞争力取决于生产性服务业的发达程度，正如Daniels（1989）、O'Farrell and Hitchens（1990）、Pappas and Sheehan（1998）、Karaomerlioglu and Carlaaon（1999）、Eswaran and Kotwal（2001）等学者的观点。Daniels（1989）认为，有效率的生产性服务业是提升制造业竞争力的前提和保障。O'Faeeell and Hitchens（1990）认为，如果一个地区生产性服务业发展落后、竞争力较弱，则将抑制该地区制造业竞争力的提升。Eswarn and Kotwal（2001）认为，服务业的专业化分工深化以及中间服务成本降低，将有利于制造业有效降低生产成本。江小涓、李辉（2004）认为，我国服务业发展特别是生产性服务业发展明显滞后，已经成为制约我国制造业竞争力提升的重要因素。刘志彪（2006）认为，现代生产性服务业的知识密集性特点，决定了其是提升现代制造业竞争力的主要力量。

三是"互动论"。这种观点认为,生产性服务业和制造业之间为相互依赖、相互作用、共同发展的互动关系,正如 Park and Cha(1989)、Francois(1990)、Hansen(1990)、Shugan(1994)、Bathla(2003)等学者的观点。他们认为,随着经济规模特别是制造业的发展,这将会导致对生产性服务业需求的急剧增加,从而促进生产性服务业的发展;同时,生产性服务业的发展,也将促进制造业生产效率和竞争力的提升。Francois(1990)认为,生产性服务业与制造业是互动关系,技术变化引起的"垂直分离"使得生产性服务业与制造业的相互依赖程度提高。Hansen(1990)认为,制造业的生产创新与生产性服务业的过程创新相互作用、相互依赖,制造业的创新将导致生产性服务业流程创新,生产性服务业的需求又将导致制造业生产创新。顾乃华(2005)分析了在我国特殊的转型环境中生产性服务业和制造业的互动关系,认为应关注生产性服务业通过中间投入对制造业的"外溢生产效应"和"外溢改革效应"。

四是"融合论",这是近年来部分学者提出的更为新颖的观点,被认为是生产性服务业与制造业关系发展的最高形式,代表性学者有于刃刚、李玉红(1997)、Lundvall and Borras(1998)、植草益(2001)、周振华(2003)、李美云(2006)、陆小成(2009)、路红艳(2009)。该观点认为,随着信息技术的快速发展和运用,生产性服务业与制造业之间出现了融合的现象,即它们之间的产业边界变得不清晰,越来越模糊。于刃刚、李玉红(1997)指出,在制造业和服务业之间出现了产业融合现象。周振华(2003)阐述了产业间的延伸融合,即通过产业间的互补和延伸,实现产业间的融合,这种融合更多地表现为服务业向第二产业的延伸和渗透,如服务业正加速向第二产业的生产前期研究、生产中期设计和生产后期信息反馈过程展开全方位的渗透,相互之间融合成不分彼此的新型产业体系。李美云(2006)分析了服务业跨产业特别是服务业与制造业的融合发展趋势以及路径演进。陆小成(2009)具体分析了生产性服务业与制造业融合的知识链模型,认为知识链模型构建关键在于建立交互性学习平台，并进一步提出生产性服务业与制造业融合的机制建设。路红艳（2009）认为，生产性服务业与制造业融合表现为功能上的互补和延伸，并且分析了生产性服务业与制造业的学习曲线。

以上四种观点是生产性服务业与制造业关系比较一致的观点。当然，国内部分学者认为生产性服务业与制造业发展正处于从互动到融合的中间阶段，于是运用生物学中的"共生"一词来分析生产性服务业与制造业之间的关系。例如，徐学军等（2007）分析认为，生产性服务业与制造业共同构成一个共生体，它们均作为共生单元，但制造业为主单元。胡晓鹏、李庆科（2009）以浙江、江苏和上海生产性服务业为研究对象，引入产业共生理论，具体分析生产性服务业与制造业共生关系。唐强荣、徐学军、何自力（2009）提出在共生作用和环境变化影响下的以分段 Logistic 函数描述的生产性服务业与制造业的共生模型，并以我国的数据进行实证研究，认为生产性服务业与制造业共生的作用机理是通过共生作用和环境作用对种群环境容量的影响来协同两个种群的增长速度。庞博慧、郭振（2010）认为，生产性服务业与制造业的共生演化是一种复杂的行为与轨迹，在共生模式下，生产性服务业与制造业的最大环境容量和自然增长率都不断变化，分段 Logistic 曲线叠加能够精确描述生产性服务业和制造业的共生演化过程。

（二）实证研究

目前，国内外学者从理论上分析说明生产性服务业与制造业的关系，但需要进一步进行实证研究和案例研究，以更好地理解生产性服务业与制造业的关系在实践中的表现形式，因此，国内外学者从不同的角度进行了大量的实证研究。

大数多学者利用投入产出分析方法分析生产性服务业与制造业的关系。投入产出分析方法可以反映生产性服务业与制造业在生产过程中所产生的直接和间接的内在联系，投入产出分析的主要对象为生产性服务业与制造业的中间需求。Park and Chan（1989）认为，生产性服务业与制造业之间为互动关系,但生产性服务业对制造业的依赖程度比制造业对生产性服务业的依赖程度要高。Park(1994)运用中国、日本、马来西亚、韩国、新加坡等8个太平洋地区国家1975—1985年服务业与制造业关系演进过程进行分析,利用投入产出表分析各种生产性服务活动与制造业的相互依存关系,测算生产性服务业与制造业的互动程度。申玉铭等(2007)运用我国1997年和2002年投入产出表,分析认为我国生产性服务业主要为第二产业特别是制造业服务;但从长期来看,制造业对生产性服务业的中间需求占三次产业对生产性服务业的总需求的比重呈下降趋势。刘书瀚、张瑞、刘立霞(2010)利用1997年、2002年以及2007年我国投入产出表,具体分析我国生产性服务业和制造业之间的关联关系,认为生产性服务业与制造业间的相互需求及投入结构逐渐优化升级,我国生产性服务业与制造业之间呈现出显著的互动关系,但关联效应仍处于较低水平。陈晓峰(2012)利用南通市1997、2002、2007年三张投入产出表,运用直接消耗系数、影响力系数和感应度系数实证分析生产性服务业与制造业之间的关系,认为南通市生产性服务业与制造业之间呈现一定的互动融合关系。

有的学者通过实际案例分析生产性服务业与制造业的关系。Davies(2000)分析法国Alstom、瑞典Ericsson、法国Thales、英国WSAtkins等企业的服务化实践案例,并总结它们所推出的生产性服务业的种类。孙林岩(2007)具体分析了IBM、青岛海尔集团、陕西鼓风机集团等服务化成功实践,以及生产性服务与制造业服务的融合状况,认为具有显著的融合效应。张旭梅、郭佳荣、张乐乐(2009)分析了科龙电器、联合利华、康明斯的实践案例,具体阐述了生产性服务业与制造业相互合作、相互作用的运营模式,即制造企业服务外包、制造企业自营服务、制造企业与服务企业合作服务三种模式。

二、生产性服务业与制造业竞争力关系

（一）理论研究

目前，国内外学者主要对生产性服务业发展与制造业竞争力之间的关系进行理论分析，例如，Tschetter（1987）认为，提升美国制造业竞争力的途径是将制造企业内部的服务外部化，由外部生产性服务企业完成，从而促进生产性服务业与制造业的产业结构优化，提升制造业竞争力；并木信义（1990）认为，在国际市场竞争中，各国竞争的是制造业产品，其实在这背后，服务业（生产性服务业）则间接决定制造业竞争力。也有部分学者从生产性服务业的数量种类与制造业竞争力（效率）关系出发进行数理模型的推导，主要有 Andersson（2004）和江静、刘志彪、于明超（2007）等，这些数理模型都是在 Dixit and Stiglitz（1977）垄断竞争框架的基础上进行分析。假设生产性服务业属于垄断竞争行业，则生产性服务业投入表示为：

$$S = \left\{ \int_0^n [z(i)]^{\frac{\sigma-1}{\sigma}} di \right\}^{\frac{\sigma}{\sigma-1}}, \sigma > 1$$

这里，n 表示生产性服务业的种类数量，σ 表示生产性服务业间的替代弹性。

对柯布—道格拉斯生产函数进行扩展，投入要素为劳动、资本以及生产性服务（中间投入），并且生产性服务使用劳动来衡量，则柯布—道格拉斯生产函数为：

$$f(L, S, K) = A(L^\beta S^{1-\beta})^\alpha K^{1-\alpha}$$

在标准的 D—S 模型中，垄断竞争的生产性服务业将根据边际成本进行定价，并且将自由进入和退出市场，这样，可以推导得到生产性服务业的价格为：$p = \frac{mc}{1-1/\sigma}$，$mc$ 为生产性服务业的边际成本。

在 Ciccone and Hall（1996）的技术上，引入参数 a 反映技术进步引起的生产性服务效率的提高，假设生产 x 单位需要的劳动为 $ax+f$，

f 为以劳动计量的生产性服务投入固定成本。假设单位劳动报酬为 w，$mc=wa$，则生产性服务企业实现利润最大化的均衡利润函数为：

$$\pi = px - w(ax+f) = \frac{1}{1-\sigma}wax - wf$$

生产性服务企业自由进入市场，$\pi = 0$，则

$$x = \frac{(\sigma-1)f}{a}$$

假设生产中劳动总投入为 N，则生产性服务业的劳动投入为（$1-\beta$）N，由此得到：

$$n = \frac{(1-\beta)N}{ax+f} = \frac{(1-\beta)N}{\sigma f}$$

这表明生产性服务业劳动投入增加，生产性服务提供种类将增加，专业化程度将提高。

假设生产性服务业呈规模报酬递增，设 $\Omega = (i)$ 是所有生产性服务业的总数量，由于生产性服务业是对称的，则平均生产率为 $\frac{Z}{\Omega} = n^{\frac{1}{\sigma-1}}$，$n$ 为生产性服务业的种类。因为 $\sigma > 1$，且由于专业化和劳动分工，则平均生产率将随 n 而递增。

假设柯布—道格拉斯生产函数中，资本为外生给定，只考虑劳动和生产性服务业两种投入，则

$$F = AL^\beta \left\{\int_0^n [z(i)]^{\frac{\sigma-1}{\sigma}} di\right\}^{\frac{(1-\beta)\sigma}{\sigma-1}}$$

与上式对应的单位生产成本方程为：

$$c^u(w, P) = w^\beta P^{1-\beta}$$

w 为劳动成本，P 为生产性服务业总价格指数。由于投入生产中的生产性服务业是对称的，则综合价格指数可以写成（Fujita，1999）：

$$P(n, p_z) = n^{\frac{1}{1-\sigma}} p_z$$

P_z 是每种生产性服务业投入的价格。将 P（n, p_z）代入成本函数，由于 $\sigma > 1$，则有：

$$\frac{\partial P(n, p_z)}{\partial n} \prec 0 \Rightarrow \frac{\partial c^u(w, P(n, p_z))}{\partial n} \prec 0$$

上式表明,为制造业提供的生产性服务业种类越多,制造业单位生产成本越低,制造业生产效率越高,制造业竞争力得到提升。

由于制造业平均成本随着生产性服务业种类增加而递减,制造业产品市场是完全竞争市场,则制造业产品价格将下降,因此,生产性服务业规模报酬递增意味着生产性服务业种类增加,给定产出的最低成本将下降。这种效应如图2.1所示,当生产性服务业总价格指数下降,等成本线将从 B_0 移至 B_1,等产量线也将从 I_0 移至 I_1,从切点可以看出,随着生产性服务业种类增加,制造业成本将下降,下降的程度取决于生产性服务业之间的替代弹性 σ 和生产性服务业的投入份额 $1-\beta$。

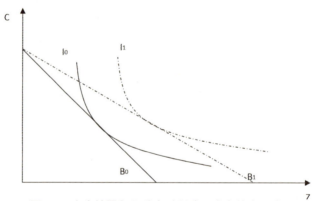

图 2.1 生产性服务业种类对制造业成本效应影响

(二)实证研究

目前,国外许多学者从实证角度对生产性服务业发展与制造业竞争力关系进行一定的研究。Glasmeier and Howland(1994)研究发现,一个地区内生产性服务业的发展将促进该地区其他产业的竞争效率。Harrington(1995)认为,作为一种重要资源投入的生产性服务业将提升制造业竞争力,并且能够改变我国制造业"大而不强"的局面。Guerrieri and Meliciani(2005)认为,在经济转型和市场化程度较高的情形下,生产性服务业的发展有利于制造业竞争力的提升。总的来看,许多国外学者的实证研究结论基本一致，认为随着制造业的发展，对金融、交通运输、科研服务等生产性服务业的需求将会增加，从而推动生产性服务业的发展，而生产性服务业发展又将进一步提升制造业效率与竞争力。

我国学者也从不同的角度对我国生产性服务业水平发展与制造业竞争力关系进行实证分析。顾乃华等（2006）基于理论和实证分析，认为生产性服务业发展有利于提升制造业竞争力，其中金融保险业最能提升制造业竞争力，从所属区域看，东部地区生产性服务业提升制造业竞争力作用最大。江静、刘志彪、于明超（2007）从理论上分析认为生产性服务业可以降低制造业单位产品的生产成本，因而将促进制造业竞争力提升；同时，实证分析认为生产性服务业的扩张促进制造业整体效率的提高，其中交通运输、仓储和邮电通信业对劳动密集型行业作用最大，金融保险业对资本密集型行业的作用最为明显，科学研究对技术密集型行业作用最显著，但具有一定的滞后性。江静、刘志彪（2009）基于2000—2007年长三角地区面板数据进行实证分析，结果表明生产性服务业发展水平将显著提高制造业效率。顾乃华（2010）引入地理距离、政策环境、工业企业整合价值链的能力等变量，从理论上分析生产性服务业对工业发挥外溢效应的渠道，并运用城市面板数据和随机前沿函数模型进行实证检验，结果认为生产性服务业将促进工业获利的技术效率提升，且生产性服务业与工业之间的地理距离对生产性服务业对工业获利能力的外溢效应影响为负显著作用。孔婷、孙林岩、冯泰文（2010）运用1996—2007年的时间序列数据，采用层级回归分析方法，认为生产性服务业通过调节效应提升制造业效率，在科学研究和综合技术服务业、交通运输、仓储及邮电通信业发展水平较高时，技术创新能力和经济发展水平对制造业效率的提升作用较为明显，而金融保险业对制造业效率的调节效应不显著。高觉民、李晓慧（2011）实证结果表明，生产性服务业发展将促进制造业增长，从而显著促进生产性服务业发展，使生产性服务业内部各部门与制造业呈现互动发展。胡际、陈雯（2012）运用2001—2008年30个省际面板数据进行实证分析，结果表明生产性服务业对第二产业TFP有显著的促进作用，物流与电信服务业对第二产业TFP影响最显著，而科研与技术服务影响不显著。喻春娇、肖德、胡小洁（2012）实证分析认为生产性服务业对武汉城市圈制造业生产具有明显的促进作用，资本有机构成的提高对武汉城市圈制造业生产率也有明显的促进作用，但劳动者素质和技能水平及外商直接投资作用不明显。

此外，一些学者如冯泰文（2009），黄莉芳、黄良文（2012）运用中介变量实证分析生产性服务业对制造业效率的促进作用。冯泰文（2009）运用1999—2006年我国制造业28个细分行业的面板数据，具体分析生产性服务业发展对制造业效率提升的内部作用机理，实证结果认为生产性服务业发展将提升制造业效率，交易成本是生产性服务业提升制造业效率的中介变量，但生产制造成本不是生产性服务业提升制造业效率的中介变量。黄莉芳、黄良文（2012）运用1999—2008年制造行业面板数据，研究生产性服务业基于资本有机构成、人力资本水平和技术创新能力对制造业效率的调节作用，结果显示生产性服务业可从整体上提升制造业效率，调节效应不显著，但细分行业存在差别。

对于生产性服务业集聚发展与制造业效率关系的研究文献逐渐增加，在理论方面，生产性服务业集聚主要通过竞争效应、专业化效应、知识溢出效应以及规模经济效应等方面提升生产性服务业的效率，这同时也会提升制造业效率（Eswarn M. & Kotwal A.，2002；陈建军等，2009；盛丰，2014）。在实证方面，徐从才等（2008）从大型零售商纵向约束与供应链流程再造的角度，分析大型零售商主导下制造业与服务业流程再造和创新，结果认为生产性服务业集聚带来的上下游产业关联效应将促进整体产业竞争力的提升。顾乃华（2011）利用2007年我国231个地级城市数据，运用多层线性模型，认为我国城市生产性服务业集聚能显著提高本地区工业效率，且对工业的外溢效应存在区域边界。宣烨（2012）运用2003—2009年247个城市的面板数据，实证研究我国城市生产性服务业空间集聚与制造业效率的关系，结果认为生产性服务业空间集聚可以促进本地区和周边地区制造业效率的提高。盛丰（2014）利用我国230个城市2003—2011年面板数据，采用空间计量模型实证分析生产性服务业集聚对制造业升级的影响，结果表明生产性服务业集聚将促进制造业升级，且对周边地区制造业升级存在空间溢出效应。江茜、王耀中（2016）基于长江中游城市群30个城市2003—2012年面板数据，实证分析生产性服务业集聚对制造业竞争力的影响，认为生产性服务业集聚通过推动制造业升级、促进制造业创新和支撑制造业集聚三个角度作用于制造业竞争力；同时，实证结果表明，生产性服务业集聚正向作用于制造业竞争力提升，且通过空间外溢辐射影响周边地区制造业竞争力，长期趋势稳定。余泳泽等（2016）运用全国230个城市数据，采用空间计量模型，实证分析生产性服务业空间聚集对制造业生产效率的空间外溢效应及衰减边界，结果表明生产性服务业空间聚集对制造业生产效率提升的空间外溢表现较为明显，并且这种空间外溢效应会存在具有空间衰减特征的地理边界。刘奕等（2017）从产业空间协同视角提出一个外部因素通过生产性服务业集聚作用于制造业升级的理论分析框架，实证检验生产性服务业集聚与制造业耦合过程，结果表明生产性服务业集聚特别是支持性服务业集聚与制造业升级之间具有高度关联、融合促进的内在联系；社会创新体系、综合交易成本、需求规模通过生产性服务业集聚间接作用于制造业升级，要素禀赋与政策环境也会对制造业升级产生正向的直接影响。

第四节 产业融合综述

一、产业融合概念

目前，学者对产业融合问题的研究还处在初期探索发展阶段，许多学者从不同的角度尝试对产业融合的内涵进行界定，还没有形成一个相对统一的共识。

关于产业融合的思想，最早来源于 Rosenberg 对于美国机械设备业演化的研究。Rosenberg（1963）在研究美国机械设备演化过程中，将技术融合（technological convergence）定义为在产品功能和性质完全无关的产业采用同一技术而出现的技术扩散。麻省理工学院媒体实验室创始人 Negreoponte 在 1987 年通过观察技术发展趋势，分别用圆圈表示电子计算机、广播业和印刷业，圆圈的重叠部分表示这三个产业间的相互技术融合，而创新最多和成长最快的领域为这三个产业的交合处（Brand，1987）。Negreoponte 这个著名的图例第一次将不同产业间的技术融合这一观点形象地演示出来。此后，一些学者将不同产业间采用同一技术基础和知识的过程定义为技术融合（Athreye and Keeble，2000；Fai and Tunzelmann，2001；Lind，2004）。随着数字技术的快速发展，国外一些学者开始从"数字融合"的视角定义产业融合，逐渐以"数字融合"取代"技术融合"进行产业融合的解释。Raghuram（2000）认为，产业融合本质上是在数字技术作用下，传统与新颖的通信服务在不同的网络间共同传输的过程。Mendes（2002）认为，由于数字技术的运用，技术融合是将原本分开单独的媒体融合形成一个产品，如将影像、文本以及声音等融合形成的多媒体。

部分学者从产业的视角定义产业融合。Greensteina and Khanna（1997）认为，产业融合是指在产业增长过程中，产业间边界出现的收缩甚至消失的现象。植草益（2001）通过研究信息通信业的产业融合案例，将产业技术创新和降低产业间的进入壁垒，从而提高产业间的竞争合作程度定义为产业融合。Malhotra and Gupta（2001）认为，融合意味着两个及以上不同产业的企业间的关系发展为直接竞争关系，而这个过程是建立在企业间相互发生关联的基础上。Lind（2004）运用产业生命周期理论模型，将产业技术创新导致重新划分产业边界的现象定义为产业融合。另外，也有一些学者从其他角度定义产业融合，例如，欧洲委员会（1997）认为，产业融合是发生在技术网络平台、产业联盟和合并以及市场等方面的融合。Hacklin et al.（2005）认为，产业融合主要体现在产业边界的改变、原有价值链的解体、新竞争环境的形成等方面。

相对于国外学者，国内学者对产业融合的研究起步较晚。国内学者基本沿着国外学者的研究思路，从不同的角度对产业融合进行研究。周振华（2002）认为，产业融合是指在经济结构服务化和传统产业边界模糊化的基础上，产业间重新建立新型的竞争合作关系，以获得更好的经济效应。厉无畏（2003）认为，产业融合是这样一个过程，即同一产业内的不同行业或者不同产业间在高新技术的作用下，相互发生交叉和渗透，最后融为一体，从而产生 1+1>2 的经济效应和生产效应，最终产生一个新产业的动态变化过程。马健（2006）认为，产业融合是由于政府规制的放松和技术的进步，引起产业交叉处和产业边界发生技术融合，进而导致原有产业产品的重要特征发生改变，同时也使产品的市场需求发生变化，重新审视产业间的竞争合作关系，最终使得产业边界模糊化。于刃刚（2006）将产业边界的模糊化甚至出现消失的过程定义为产业融合。胡永佳（2008）从分工的角度定义和理解产业融合，认为产业融合是将分工由产业间逐渐变为产业内，以及将产业间分工逐渐内部化的过程。

二、产业融合模式

对于产业融合模式，国内外一些学者根据产业融合的含义从不同的角度进行分析。Greensteina and Khanna（1997）从技术角度出发，将产业融合分为替代式融合和补充式融合，替代式融合是指用一种技术取代另一种技术，补充式融合是指同时使用两种技术比单独使用一种技术时能取得更好的效应。Pennings and Puranam（2001）将这种分类法进一步扩展，从市场的角度增加替代——补充的方式，这样就可以分为需求方融合和供给方融合，需求的角度主要为产品融合，供给的角度主要为技术融合，这样，产业融合分为供给替代性融合、需求替代性融合、供给互补性融合和需求互补性融合。在这些分类基础上，Stieglitz（2002）进一步提出了四种不同类型的产业融合，这是一个 2×2 矩阵。从供给的角度，技术融合为使用同一技术生产不同产品或提供不同服务的过程，这可进一步分为技术替代型融合和技术综合型融合两种类型。从需求角度，产品融合是指在产品生产中使用不同的技术，提供互补型产品或替代型产品，这又可进一步分为产品替代型融合和产品互补型融合两种类型。此外，Greensteina and Khanna（1997）同样从价值链角度，将产业融合分为采购融合、生产融合以及营销融合，并认为价值链的一个环节发生融合将会引起另一个环节的融合。Malhotra（2001）从机构融合和功能融合的角度，[①]将产业融合分为高机构和低功能融合、低机构和高功能融合、高机构和高功能融合。Hacklin, et al.（2005）根据融合技术的新颖性程度，将产业融合分为横向融合、应用融合以及潜在融合。厉无畏（2002）将产业融合从产业类别的角度，分为产业间的延伸融合、高新技术的渗透融合以及产业内部的重组融合三种模式，而聂子龙、李浩（2003）在这三种融合模式上增加"全新产业取代传统旧产业进行融合"模式。周振华（2003）将产业融合划分为互补型融合、替代型融合以及结合型融合。互补型融合和替代型融合实质上是保持产品的独立性，使得单个产品并入同一元件集合体或标准束，从而形成互补或替代型产品；结合型融合为在功能渗透的作用下，将原本独立的产品在同一元件集合体或标准束下，消除各自的独立性，完全融合为一体。胡汉辉、邢华（2003）认为，产业融合可以分为产业渗透、产业重组、产业交叉三种模式。马健（2006）根据产业融合程度和市场效应大小，将产业融合划分为部分融合、完全融合以及虚假融合三种模式。

---

① Malhotra（2001）认为，在顾客认为两个产业的产品具有替代性或互补性时，即发生功能融合（functional convergence）；企业认为两个产业的产品之间存在联系，并生产或销售这两个产业的产品，即发生机构融合（institutional convergence）。

三、产业融合效应

对于产业融合效应，国内外学者用不同的方法从不同角度进行探讨，国外学者更多的是基于案例进行分析，国内学者更多的是基于理论层面进行分析。Hacklin, et al.（2005）以 ICT 产业为案例，认为产业融合使得创新过程从累积性转变为高突破性，提出累积性创新融合会产生突破性效应，从创新类型与各自生命周期阶段的技术轨道相结合的角度突出技术融合的效应分析。Niedergasselr, et al.（2007）以化学及其相关产业为例，说明化学产业在产业融合过程中竭力寻求降低成本和提高效率。马健（2002）认为，产业融合效应主要是为了促进传统产业创新、改善产业绩效、优化产业结构，从而促进产业竞争力的提升。周振华（2003）分析认为，产业融合的效应，从微观层面上看，将促进新产品和新服务的出现，从而增强市场竞争性，这是所产生的最重要的微观经济效应，同时也将促进资源配置效率的提高；从中观层面上看，产业融合将引起产业结构演变、产业间关联性、产业组织形态、产业区域布局和产业发展基础等方面发生变化，从而带来巨大的增长效应。聂子龙、李浩（2003）认为，从微观经济效应来看，产业融合的效应表现为以下五个方面：①企业战略相对稳定性与熊彼特式创造性破坏之间的矛盾；②集成式系统需求与一致性质量要求之间的矛盾；③多点竞争与战略的相对统一性之间的矛盾；④由兼并特别是混合式兼并造成的企业控制权的多变与企业战略实施之间的矛盾；⑤不可识别的动态产业环境与传统战略分析框架之间的矛盾。余东华（2005）认为，产业融合将优化市场结构，转变企业的市场行为，不断改善产业组织结构，使其不断向合理化和高级化转变，从而有利于产业绩效的提升和经济增长效应的扩大。陈柳钦（2006）认为，产业融合的效应主要具有组织性结构效应、创新性优化效应、消费性能力效应、竞争性能力效应、竞争性结构效应以及区域一体化的区域效应。唐昭霞、朱家德（2008）认为，产业融合将推动产业结构跨越式优化升级以及促进各产业部门多头并进式发展。郑明高(2011)认为,产业融合具有促进产业竞争力提升、加剧市场竞争、拓展产业价值链、催生新的合作形态以及推动经济一体化发展等效应。

第五节　本章小结

本书在系统阐述国外学者对生产性服务业含义的基础上,概述生产性服务业的含义,即在产品生产和服务提供过程中,作为中间投入的服务的部门和行业。目前,国内外学者对生产性服务业外延的界定存在一定的争议,本书在总结和明晰生产性服务业内含的基础上,采用"中间需求率"及其动态变化进行分析界定,认为我国生产性服务业外延主要包括交通运输、仓储和邮政业,信息传输、计算机服务和软件业,金融业,租赁和商务服务业;科学研究、技术服务和地质勘查业这五个细分行业。

根据 Porter(1980,1985),Krugman(1993),Hayes(1984),Hayes and Wheelwright(1985),Oral(1993),Oral,Cinar and Chabchoub(1999)等的观点,同时,结合我国制造业主要以劳动密集型和资本密集型为主,高技术和中高技术密集型所占比重较低,产业结构低度化问题突出,依然没有摆脱高投入、高消耗、高排放的粗放式发展模式,因此,在目前我国制造业发展阶段,提升制造业竞争力需要通过提升制造业生产效率来完成,这样,本书将制造业竞争力提升与制造业生产效率提高在很大程度上是合二为一的。

国内外学者对生产性服务业与制造业的关系发展历程有着较为明晰、一致的观点。虽然对目前我国生产性服务业与制造业关系的界定存在一定的差异,但对于生产性服务业与制造业的发展方向达成基本共识,即生产性服务业与制造业融合是最高发展形式。同时,国内外学者通过理论和实证分析,均表明生产性服务业对于制造业竞争力(效率)

的提升具有促进作用，但是在作用大小和作用方式上存在一定的差异，这需要我们进一步作出更为细致和全面的分析。

国内外学者对于产业融合的概念还没有形成相对统一的共识，但是对于产业融合的特征达成基本共识。同时，对于产业融合模式进行较为深入的理论分析，而对于具体产业间的融合模式较少涉及，这需要用具体产业间融合模式进行完善。对于产业融合效应，国内外学者用不同的方法从不同角度进行探讨，国外学者更多的是基于案例进行分析，国内学者更多的是基于理论层面进行分析，这也需要以具体的产业间融合为例进一步分析其融合效应。

第三章 中国制造业与生产性服务业发展现状与趋势

第一节 中国制造业发展现状

制造业是中国经济的根基所在,也是推动经济发展提质增效升级的主战场。"十二五"以来,面对国内外复杂多变的经济形势,我国制造业始终坚持稳步发展,总体规模位居世界前列,综合实力和国际竞争力显著增强,已站到新的历史起点上。在此基础上分析我国制造业发展现状,对于找出制造业发展优势、补齐短板具有深刻意义。

一、中国制造业发展取得的成效

随着我国改革开放进程的不断加快,我国制造业发展迅速,成为国民经济持续健康快速发展的重要支柱和推动力量,实现了总量不断增长、行业结构不断优化的良好局面。2011年,我国超越美国成为全球第一制造业大国,在500余种主要工业产品中,有220多种产量位居世界第一。制造业占全球的比重由1990年的2.7%,居世界第九,到2000年上升到6.0%,居世界第四,2007年达到13.2%,居世界第二,2010年为19.8%,跃居世界第一。[①] 这些数据说明,我国已经成为名副其实的全球制造业大国。我国制造业取得的成就主要体现在以下方面:

(一)制造业规模不断扩大,制造业大国地位大幅提升

在规模总量上,2004—2015年制造业总产值大幅提升,由2004年

---

① 参见 http://www.miit.gov.cn/n973401/n1234620/n1234623/c3843733/content.html。

的 6.5777 万亿元上升到 2015 年的 23.5184 万亿元，2015 年为 2004 年的 3.58 倍，年平均增速达到 12.28%。

在增加值方面，2004 年制造业增加值为 5.1749 万亿元，2014 年达到 19.5620 万亿元，呈现上升趋势。在制造业增加值增长率上，根据世界银行统计数据可知，改革开放以后制造业增加值从未出现负增长，在 2000 年以后表现更稳定，年增长率始终维持在 8.6% 以上，最高增长率为 16.6%。[①]2010—2011 年，我国制造业增加值的年增长率维持在 9% 的水平，这说明改革开放近 40 年来我国制造业持续稳定发展。

表 3.1 中国制造业总产值与增加值变化趋势

单位：万亿元

年份	制造业总产值	制造业增加值
2004	6.5777	5.1749
2005	7.7961	6.0118
2006	9.2238	7.1213
2007	11.1694	8.7465
2008	13.1728	10.2539
2009	13.8096	11.0119
2010	16.5126	13.0283
2011	19.5143	15.6457
2012	20.8906	16.9807
2013	22.2338	18.1868
2014	23.3856	19.5620

资料来源：根据《中国统计年鉴》（2005—2016）整理所得。

从全球层面来看，我国制造业占全球的比重稳步上升，在国际上扮

---

① 参见 https://data.worldbank.org.cn/indicator/NV.IND.MANF.KD.ZG?view=chart。

演越来越重要的角色。根据联合国工业发展组织资料,目前我国工业竞争力指数在 136 个国家中排名第七位,制造业净出口居世界第一位。按照国际标准工业分类,在 22 个大类中,中国在 7 个大类中名列第一,钢铁、水泥、汽车等 220 多种工业品产量居世界第一位。2016 年,我国的 110 家企业跻身财富世界 500 强,其中中国石油天然气集团公司(China Nation Petroleum)与中国石油化工集团(Sinopec Group)分别蝉联第二和第四的位置。① 这些成就都说明我国制造业快速发展,实现了综合实力和国际竞争力的显著提升。

(二)创新投入总量不断增加

随着我国经济实力不断增强,创新成为衡量国家综合实力的重要指标,制造业成为技术创新的主战场,也是技术创新最为活跃的部门。近年来,我国在创新资源投入与创新发展等方面都取得显著成效,从规模以上工业企业创新发展情况来看,R&D 经费支出由 2004 年的 1104.4916 亿元,上升到 2015 年的 10013.9330 亿元,项目数从 2004 年的 53641 项提高到 2015 年的 309895 项,机构人员数从 2004 年的 64.4 万人上升到 2015 年的 266.84 万人,新产品研发经费从 2004 年的 965.7 亿元上升到 2015 年的 10270.8342 亿元,专利申请量从 2004 年的 64569 件提升到 2015 年的 638513 件,其中有效发明专利由 2004 年的 30315 件提高到 2015 年的 573765 件。同时,《国家创新指数报告 2016—2017》显示:世界创新格局基本稳定,中国国家创新指数排名超越比利时,提升至第 17 位,处于第二集团领先位置,是唯一排名进入前 20 位的发展中国家。同时也指出,中国创新资源投入持续增加,创新能力发展水平大幅超越其经济发展阶段,领先于世界其他发展中国家,突出表现在知识产出效率和质量快速提升、企业创新能力稳步增强等方面。②

---

① 参见 http://www.fortunechina.com/fortune500/c/2016-07/20/content_266955.htm。
② 参见 http://www.cssn.cn/zx/201708/t20170819_3615385.shtml。

表 3.2 规模以上工业企业创新发展情况

年份	规模以上工业企业研究与试验发展经费支出(亿元)	规模以上工业企业研究与试验发展项目数(项)	规模以上工业企业研究与试验发展机构人员数(万人)	规模以上工业企业新产品开发经费支出(亿元)	规模以上工业企业专利申请数(件)	规模以上工业企业有效发明专利数(件)
2004	1104.49	53641	64.40	965.70	64569	30315
2008	3073.13	143448	130.43	3676.06	173573	80252
2009	3775.71	194400	155.02	4481.98	265808	118245
2011	5993.81	232158	181.65	6845.94	386075	201089
2012	7200.65	287524	226.76	7998.54	489945	277196
2013	8318.40	322567	238.79	9246.74	560918	335401
2014	9254.26	342507	246.40	10123.16	630561	448885
2015	10013.93	309895	266.84	10270.83	638513	573765

资料来源：根据《中国统计年鉴》（2005—2016）整理所得。

（三）制造业产业结构和技术水平逐步优化

经过多年的发展，我国制造业在国民经济中的比重不断上升，同时制造业内部结构也逐渐优化。从内部结构来看，我国制造业逐步由传统产业向高新产业迈进，电子及通信设备制造业、生物工程、新材料等领域在内的高技术产业都取得突出表现，其中高技术产业产值也由2008年的57087.38亿元提高到2011年的88433.85亿元，高技术产业产值占工业总产值的比重也由2008年的43.34%上升到2011年的45.32%，4年间提高了1.98个百分点。

从制造业出口结构来看，工业制成品占我国出口总额的比例稳步上升，我国逐渐由初级产品出口国发展成为制成品出口大国，出口商品结构进一步优化。根据国家统计局数据可知，2015年，我国初级产品出口1039.27亿美元，占出口总额的4.57%，而工业制成品出口约为

21695.41亿美元，占比95.43%，其中机电产品出口达46.59%，轻纺产品、橡胶制品、矿冶产品及其制品等5大类共39种高耗能、高污染、资源型产品占出口比重的4.7%，比2007年下降2.5个百分点。在技术水平上，从1990年开始，通信设备、计算机及其他电子设备制造业主营业务收入除2007年和2010年已10年稳居各行业第一，成为促进我国工业生产快速发展的支柱行业，医药和生物产业表现出蓬勃发展的态势，我国完整的高技术产业体系已初步形成。

表3.3 出口商品结构情况

年份	初级产品出口额（亿美元）	工业制成品出口额（亿美元）	初级产品出口占比	工业制成品出口占比
2004	405.49	5527.77	0.0683	0.9317
2010	816.86	14960.69	0.0518	0.9482
2011	1005.45	17978.36	0.0530	0.9470
2012	1005.58	19481.56	0.0491	0.9509
2013	1072.68	21017.36	0.0486	0.9514
2014	1126.92	22296.01	0.0481	0.9519
2015	1039.27	21695.41	0.0457	0.9543

资料来源：根据《中国统计年鉴》（2005—2016）整理所得。

（四）中国制造业"引进来""走出去"战略取得可观成绩

改革开放以来，我国制造业"引进来""走出去"能力显著增强。在"引进来"方面，我国凭借完整的产业配套体系、完善的基础设施、强大的市场需求以及不断提高的创新能力，使得我国制造业逐渐成为全球价值链垂直分工下的重要制造业基地，引进外商投资额逐年增加。2015年，吸引外商直接投资额达到1262.67亿美元，为2004年的1.97倍，年平均增长6.36%。在"走出去"方面，改革开放以来，我国企业纷纷走出国门，走上国际化道路。近年来，我国企业对外投资方面更是表现出强劲的态势，2007 年我国制造业对外投资为 21.265 亿美元，到 2015 年达到 199.86 亿万美元，为 2007 年的 9.4 倍。截止到 2015 年底，实现对外直接投资存量为 785.28 亿美元。

表 3.4 中国制造业 "引进来" "走出去" 情况

单位：亿美元

年份	制造业实际利用 FDI 金额	制造业对外直接投资净额
2007	395.43	21.27
2008	399.39	17.66
2009	455.55	22.41
2010	488.66	46.64
2011	521.01	70.41
2012	495.91	86.67
2013	467.71	71.97
2014	498.95	95.84
2015	408.65	199.86

资料来源：根据《中国统计年鉴》（2005—2016）整理所得。

二、中国制造业发展面临的困境

虽然我国制造业发展取得了显著的成效，但还面临着资源能源利用率低、技术创新能力弱、产品附加值低、产能过剩、制造业集聚程度区域差距明显等发展困境。突破困境，实现制造业转型发展是我国制造业未来发展的方向。

（一）资源能源利用效率低，环境污染问题突出

我国以重化工业为主的工业结构导致资源能源需求强劲，环境污染问题日益突出。一些地方和企业单纯依靠大规模要素投入获取经济增长速度和经济效益，造成资源能源利用率偏低和环境污染严重。据英国

BP公司统计，我国单位GDP能耗约为世界平均水平的1.9倍、美国的2.4倍、日本的3.65倍，同时高于巴西、墨西哥等发展中国家。[①]资源与环境成本低廉，资源与环境价值未能得到体现，市场机制难以发挥合理配置资源环境要素的基础性作用。环境监管不力与违法成本偏低也是诱发环境问题的重要原因。在环境污染方面，根据《2013年中国环境状况公报》显示，2013年全国平均霾日数为35.9天，为1961年以来最多，华北中南部至江南北部的大部分地区雾和霾日数范围为50—100天，部分地区超过100天。同时，《2013年中国国土资源公报》也显示，我国地下水质为较差和极差的占比合计约60%。

（二）技术创新能力弱，缺乏核心竞争力

缺乏自主知识产权的技术和品牌，使得我国制造业一直处于全球价值链低端，也是阻碍我国制造业攀升全球价值链，提高国际竞争力的重要因素。就目前我国自主知识产权的技术体系而言，我国并没有形成核心竞争体系。行业发展所需的关键技术以及装备基本依赖国外，在制造业产品生产的高附加值环节如科技研发、产品设计以及关键零部件、工艺设备主要依赖国外进口。虽然我国制造业R&D投入强度较大，但与西方发达国家还存在较大差距。一方面，在个别领域实现了技术突破，但对整个系统的掌握还存在不足，阻碍了技术研发成果转化；另一方面，创新体系中各主体功能缺失，承担科技研究的研发机构、大学与企业需求脱节，科技成果转化效率低等现象都没有得到很好的解决。在人力资源方面，制造业高技术人才严重不足。根据世界银行统计数据显示，在总量上，我国高级技工占技工总数的3.5%，发达国家为40%。在技能水平上，技术工人技能不强导致我国企业产品平均合格率只有70%，不良产品损失每年达2000亿元。[②]我国制造业凭借大量的"廉价产品"，而不是"精工制造"参与全球价值链分工，这种发展往往是不可持续的。

[①] 参见 http://www.miit.gov.cn/n973401/n1234620/n1234623/c3843745/content.html。

[②] 参见 https://data.worldbank.org.cn/indicator/SL.IND.EMPL.ZS?view=chart。

（三）中国制造业全球价值链参与程度较高，但仍处于低端

我国制造业出口贸易存在明显的"低端锁定"和"路径依赖"现象，在生产链中主要参与低附加值的生产与组装，而较少参与高附加值的研发、设计、营销环节。加入 WTO 以后，我国积极参与全球价值链分工合作，依靠廉价的劳动力以及丰富的自然资源，在全球价值链中的参与程度逐年加深。从主要 10 国制造业整体 GVC 参与指数来看，我国制造业 GVC 参与指数在 TiVA 数据库 61 个国家中排名位列前十，所选年份 GVC 参与指数均高于 0.740，且高于美国、德国、日本等发达国家。但是较高的全球价值链参与程度并没有使制造业处于全球价值链高端，我国制造业仍处于全球价值链中低端。

表 3.5 主要 10 国制造业整体 GVC 参与指数

序号	国家	1995	2000	2005	2008	2009	2010	2011
1	中国	0.740（2）	0.740（5）	0.766（2）	0.770（3）	0.779（2）	0.774（4）	0.774（4）
2	美国	0.566（55）	0.570（56）	0.573（60）	0.603（58）	0.551（59）	0.567（56）	0.583（56）
3	德国	0.567（54）	0.607（48）	0.606（56）	0.626（53）	0.621（50）	0.602（54）	0.613（51）
4	日本	0.538（57）	0.547（59）	0.571（61）	0.614（54）	0.580（56）	0.567（54）	0.593（54）
5	韩国	0.637（30）	0.649（36）	0.671（34）	0.717（24）	0.699（24）	0.704（28）	0.717（27）
6	意大利	0.635（31）	0.660（31）	0.680（32）	0.700（31）	0.666（38）	0.682（37）	0.694（33）
7	法国	0.639（29）	0.675（24）	0.701（23）	0.727（15）	0.711（19）	0.725（17）	0.737（12）
8	英国	0.588（51）	0.614（45）	0.621（54）	0.640（51）	0.636（47）	0.641（48）	0.652（46）
9	加拿大	0.621（40）	0.641（39）	0.667（37）	0.673（42）	0.653（43）	0.664（42）	0.672（44）
10	俄罗斯	0.591（50）	0.595（55）	0.623（53）	0.650（49）	0.675（35）	0.684（36）	0.673（43）

资料来源：根据 TiVA 数据库计算得到。
注：括号内为所在年份 GVC 参与指数排名。

从表 3.6 全球主要 10 国制造业 GVC 地位指数可以看出，我国制造业 GVC 地位指数仍处于全球价值链中低端，且在所有年份中制造业 GVC 地位指数均为负值。发达国家中的美国、日本、德国制造业 GVC 地位指数均为正值，处于全球价值链高端。可以看出，我国制造业附加值获取能力与发达国家相距甚远。

表 3.6 主要 10 国制造业 GVC 地位指数

序号	国家	1995	2000	2005	2008	2009	2010	2011
1	中国	-0.162（57）	-0.199（52）	-0.140（47）	-0.016（26）	-0.002（32）	-0.021（34）	-0.020（27）
2	美国	0.192（10）	0.171（9）	0.156（8）	0.125（8）	0.165（9）	0.139（10）	0.118（12）
3	德国	0.169（15）	0.101（15）	0.077（19）	0.028（22）	0.066（20）	0.033（22）	0.006（25）
4	日本	0.315（4）	0.287（3）	0.229（3）	0.174（5）	0.232（3）	0.199（5）	0.179（6）
5	韩国	0.068（25）	-0.042（36）	-0.068（38）	-0.180（51）	-0.120（48）	-0.135（48）	-0.164（49）
6	意大利	0.160（16）	0.128（12）	0.102（18）	0.053（18）	0.111（13）	0.057（17）	0.040（17）
7	法国	0.140（18）	0.062（22）	0.064（22）	0.055（17）	0.095（15）	0.067（15）	0.051（16）
8	英国	0.076（24）	0.076（18）	0.071（21）	0.015（23）	0.027（26）	-0.015（32）	-0.047（35）
9	加拿大	-0.005（42）	-0.052（39）	-0.004（28）	-0.018（28）	-0.004（33）	-0.024（35）	-0.030（28）
10	俄罗斯	0.188（12）	0.113（13）	0.201（5）	0.192（3）	0.229（4）	0.227（4）	0.205（5）

资料来源：根据 TiVA 数据库计算得到。
注：括号内为所在年份 GVC 参与指数排名。

通过对我国制造业 GVC 参与程度与 GVC 地位指数的分析可知，目前我国制造业参与全球价值链程度较高但 GVC 地位指数较低的原因如下：一方面，在于我国制造业仍以消耗大量国内资源以及承受环境污染换取的"大进大出"的出口模式为主,获取的产业附加值却很少。另一方面,由于发达国家跨国公司为了实现垄断竞争,同时为了防止我国通过学习、模仿先进技术实现制造业产业升级与突破,发达国家对我国实行的低端锁定成为我国制造业发展的主要瓶颈。我国已经沦为名副其实的"世界工厂",成为世界低端产品和零部件的廉价供应商。

(四)产能过剩现象加剧,落后产能淘汰难度大

产能过剩现象加剧直接制约制造业结构调整。与发达国家偶发性、周期性的产能过剩相比,我国制造业产能过剩呈现领域广、程度深、持续时间长、易复发的特点。根据国家统计局数据显示,目前我国制造业的平均产能利用率约为60%,不仅低于美国等发达国家当前工业利用率78.9%的水平,也低于全球制造业71.6%的平均水平。工信部公布的数据显示,在我国目前24个行业中,22个行业存在着严重的产能过剩。不仅传统行业中的钢铁业、汽车行业以及家电行业存在严重的产能过剩,以光伏行业为例,在全国500多家光伏企业中,1/3的中小企业产能利用率在20—30%,而当前国际市场上光伏行业的市场需求总共只有月30GW左右,但实际产能高达40—50GW,其中80%的产能集中在我国。[①] 一方面,除了传统行业由于地方政府发展经济的强烈愿望以及政绩考核的需求,各地方大力发展新能源、新材料、电子信息产业等,投资过度以及重复建设所带来的过度竞争使得新兴产业也出现了严重的产能过剩。另一方面,落后产能资源消耗大,环境污染严重,是经济增长长期粗放发展的重要体现,使我国制造业发展无法实现量质齐增,竞争力无法提高。[①] 如何处理制造业产能过剩以及处理淘汰落后产能后的一系列问题是我国目前急需解决的。

(五)制造业集聚程度各区域差别较大

从我国制造业集聚程度来看,2004年以来,除西藏外,全国30个

---

① 参见 http://www.ccement.com/news/content/8301510348125.html。

省（市、自治区）都形成了不同程度的集聚，其中天津、上海、江苏、福建、江西、山东、湖北、广东 8 个省（市）制造业区位熵都大于 1，可见制造业在这 8 个省（市）都已经形成较大规模的专业化。但从变化趋势来看，东部地区（如北京、天津、上海）制造业集聚水平略有下降，但变化幅度不大，中部地区（如安徽、湖北、河南）制造业集聚呈现出较为明显的上升趋势，部分省份制造业区位熵已经大于 1，但西部地区制造业平均集聚水平最低，且呈现下降趋势，可见我国制造业集聚各区域发展不均衡，且西部地区由于产业基础薄弱，并没有形成对东部地区制造业转移的良好承接，西部地区制造业集聚程度仍需加强。

表 3.7 中国各省（市）制造业区位熵

地区	2004	2010	2011	2012	2013	2014
北京	0.6286	0.5318	0.5343	0.5236	0.4703	0.4523
天津	1.4076	1.2523	1.4282	1.4584	1.3644	1.3556
河北	0.8837	0.7878	0.7994	0.8104	0.7681	0.7686
山西	0.7365	0.6308	0.5925	0.5601	0.5280	0.5194
内蒙古	0.6909	0.5359	0.5714	0.5994	0.5594	0.5605
辽宁	1.0754	0.9658	0.9926	0.9850	0.8871	0.8659
吉林	0.9043	0.8209	0.8342	0.8331	0.9170	0.9237
黑龙江	0.8598	0.5177	0.5126	0.5207	0.5204	0.5032
上海	1.2905	1.2303	1.2774	1.3798	1.1540	1.0083
江苏	1.3597	1.5023	1.4865	1.5173	1.2977	1.3058
浙江	1.2080	1.3669	1.2921	1.2226	1.1256	1.0802
安徽	0.7414	0.6972	0.6930	0.7198	0.7557	0.8034
福建	1.7415	1.6367	1.6221	1.6134	1.3726	1.2880
江西	0.8004	0.8291	0.8754	0.9469	0.9995	1.0455
山东	1.2783	1.2454	1.2116	1.2534	1.1536	1.1600

（续表）

地区	2004	2010	2011	2012	2013	2014
河南	0.7906	0.7251	0.7881	0.8543	0.9808	1.0366
湖北	1.1052	1.1175	1.0797	1.0824	1.0785	1.1240
湖南	0.7398	0.7780	0.8328	0.8163	0.7642	0.7513
广东	1.3654	1.4575	1.4232	1.4498	1.7584	1.7666
广西	0.7481	0.6967	0.6946	0.7225	0.6899	0.6727
海南	0.4460	0.3777	0.3256	0.3432	0.3264	0.3070
重庆	0.8831	0.7895	0.8346	0.7283	0.6925	0.7191
四川	0.8736	0.7948	0.8401	0.8338	0.7331	0.7781
贵州	0.8138	0.6557	0.6046	0.6227	0.5418	0.5120
云南	0.7356	0.6809	0.6321	0.6250	0.5778	0.5563
陕西	0.9484	0.7730	0.7527	0.7518	0.7299	0.7148
甘肃	0.8463	0.6774	0.6273	0.6146	0.5436	0.5263
青海	0.7605	0.8655	0.8276	0.7966	0.5396	0.6506
宁夏	0.5207	0.6262	0.6149	0.5872	0.6272	0.4725
新疆	0.6791	0.6016	0.5413	0.5077	0.4489	0.4383

资料来源：根据《中国城市统计年鉴》（2005—2015）计算所得。

三、中国制造业竞争力提升必要性分析

随着我国二元经济结构农村剩余劳动力转移拐点的到来，人口红利快速增长的时代已经结束，取而代之的是不断扩大的劳动力缺口压缩了传统的价格经营优势，难以继续保障我国制造业规模化发展，提升制造业竞争力、寻求发展突破成为我国制造业发展的重要课题。

（一）经济发展方式转变的需要

发达国家得益于自身先进的技术水平，往往致力于全球价值链的研发、设计、营销等高端环节，将消耗自然资源以及对环境污染严重的生

产加工环节转嫁给我国,减少了自身的资源消耗以及环境污染,从而实现经济增长的集约式发展。在这种情况下我国以自然资源的消耗以及日益破坏的生态环境为代价,承接产业转移,参与全球价值链,并处于全球价值链的低端环节,获取少量附加值。这种长期粗放式发展使我国已经面临严重的资源和环境危机,并且这种粗放式的发展也是不可持续的。转变经济发展方式,实现粗放式发展向集约式发展转变,是提高制造业竞争力,使制造业摆脱长期锁定在价值链低端环节的困境,向全球价值链高端攀升的重要条件。为此,我国制造业发展要提升制造业竞争力水平,实现制造业由粗放式发展向创新、高效集约式发展,逐步打破我国制造业粗放式发展恶性循环的怪圈,实现制造业发展量质齐增。

(二)城镇化的质量和效率提升的需要

制造业作为容纳劳动力就业的重要载体,也是推动城镇化发展的主要力量。制造业竞争力提升不仅有助于吸纳高素质劳动力就地配置,降低配置成本、提高配置效率,而且能够提升城镇服务职能,吸引周边劳动力向本地集聚,在推动本地经济发展的同时,也改善了本地劳动力结构,形成了加快城镇化进程中需求拉动下的竞争力提升良性动力机制,不断提升我国城镇化发展的质量与效率,加快我国新型城镇化进程的推进。

(三)加快新一代信息技术与制造技术融合的需要

科技创新始终是推动人类社会生产生活方式产生深刻变革的重要力量。当前,信息技术、新能源、新材料、生物技术等重要领域和前沿方向的革命性突破和交叉融合,正在引发新一轮产业变革,这将对全球制造业产生颠覆性的影响,并将改变全球制造业的发展格局。特别是新一代信息技术与制造业的深度融合,将促进制造模式、生产组织方式和产业形态的深刻变革,智能化、服务化将成为制造业发展新趋势。新一轮科技革命与产业变革也给我国制造业的发展带来重要机遇。目前,我国在相当一些领域与世界前沿科技的差距都处于历史最小时期,已经有能力并行跟进这一轮科技革命和产业变革，实现制造业的转型升级和创新发展。

（四）适应全球产业格局重大调整的需要

发达国家高端制造回流与中低收入国家争夺中低端制造转移同时发生，对我国形成"双向挤压"的严峻挑战。一方面，高端制造领域出现向发达国家"逆转移"的态势。制造业重新成为全球经济竞争的制高点，各国纷纷制定以重振制造业为核心的再工业化战略。美国发布《先进制造业伙伴计划》《制造业创新网络计划》，德国发布《工业4.0》，日本在《2014制造业白皮书》中提出重点发展机器人产业，英国发布《英国制造2050》等。目前，制造业向发达国家的回流已经开始。另一方面，越南、印度等一些东南亚国家依靠资源、劳动力等比较优势，也开始在中低端制造业上发力，以更低的成本承接劳动密集型制造业的转移。一些跨国资本直接到新兴国家投资设厂，有的则考虑将中国工厂迁至其他新兴国家。总的来看，我国制造业正面临着发达国家"高端回流"和发展中国家"中低端分流"的双向挤压。

因此，我国应加快制造业转型发展，逐步优化制造业产业结构，提高制造业产品附加值，转变经济发展方式，积极适应全球产业格局重大调整，加快新一代信息技术与制造技术融合，逐步实现制造业向技术、服务等高端环节攀升。提升我国制造业竞争力迫在眉睫。

第二节　中国生产性服务业发展现状

一、生产性服务业发展初见成效

随着我国制造业的不断发展，对生产性服务业的有效需求增加，我国生产性服务业逐渐成为经济增长的重要引擎和优化产业结构的助推器。改革开放以来，我国生产性服务业在总量和结构上都取得了显著成就，在国民经济中扮演越来越重要的角色。

(一)中国生产性服务业规模不断扩大

随着工业化水平的不断提高,我国生产性服务业在总量上取得了新的突破,生产性服务业增加值逐年提高,且增长速度不断加快。其中,2004 年我国生产性服务业增加值为 23320.6 亿元,2014 年为 118632.6 亿元,为 2004 年的 5.09 倍,生产性服务业在国民经济中的地位逐渐提升。从相对比例来看,2004 年生产性服务业增加值占 GDP 的比例为 14.41%,到 2014 年提升为 18.42%。可以看出,生产性服务业在我国经济发展过程中的作用不断增强。

表 3.8 中国生产性服务业总体发展情况

年份	生产性服务业增加值（亿元）	生产性服务业增加值占服务业比重	生产性服务业增加值占 GDP 比重
2004	23320.6	34.99%	14.41%
2005	26950.2	34.81%	14.39%
2006	32441.1	35.35%	14.78%
2007	41780.4	36.08%	15.46%
2008	48687.0	35.59%	15.24%
2009	53571.5	34.62%	15.35%
2010	62416.6	34.29%	15.11%
2011	80218.5	37.12%	16.39%
2012	91577.9	37.41%	16.95%
2013	105308.6	37.89%	17.69%
2014	118632.6	38.51%	18.42%

资料来源:根据《中国统计年鉴》(2005—2016)整理所得。

表 3.9 中国生产性服务业细分行业增加值

单位：亿元

年份	交通运输、仓储和邮政业	信息传输、计算机服务和软件业	金融业	租赁和商务服务业	科学研究、技术服务和地质勘探业
2004	9304.4	4236.3	5393.0	2627.5	1759.5
2005	10666.2	4904.1	6086.8	3129.1	2164.0
2007	14601.0	6705.6	12337.5	4694.9	3441.3
2008	16362.5	7859.7	14863.3	5608.2	3993.4
2009	16727.1	8163.8	17767.5	6191.4	4721.7
2010	19132.2	8881.9	20980.6	7785.0	5636.9
2011	21842.0	10304.8	30678.9	9453.4	7939.4
2012	23763.2	11928.7	35188.4	11248.2	9449.4
2013	26042.7	13729.7	41191.0	13335.0	11010.2
2014	28500.9	15939.6	46665.2	15276.2	12250.7

资料来源：根据《中国统计年鉴》（2005—2016）整理所得。

（二）生产性服务业内部结构进一步优化

近年来，我国生产性服务业内部结构呈现出较为明显的变化趋势，从增加值角度看，各细分行业增加值都有明显提升，其中金融业增加值提升最多，从 2004 年到 2014 年提升了 41272.2 亿元，其次为交通运输、仓储和邮政业，11 年间增加值提升了 19196.5 亿元，而科学研究、技术服务和地质勘探业增加值提升最少，为 10491.2 亿元。具体如表 3.10 所示。

表 3.10 中国生产性服务业各细分行业增加值占比情况

年份	交通运输、仓储和邮政业	信息传输、计算机服务和软件业	金融业	租赁和商务服务业	科学研究、技术服务和地质勘探业
2004	39.90%	18.17%	23.13%	11.27%	7.54%
2005	39.58%	18.20%	22.59%	11.61%	8.03%
2006	37.55%	17.52%	24.97%	11.69%	8.28%
2007	34.95%	16.05%	29.53%	11.24%	8.24%
2008	33.61%	16.14%	30.53%	11.52%	8.20%
2009	31.22%	15.24%	33.17%	11.56%	8.81%
2010	30.65%	14.23%	33.61%	12.47%	9.03%
2011	27.23%	12.85%	38.24%	11.78%	9.90%
2012	25.95%	13.03%	38.42%	12.28%	10.32%
2013	24.73%	13.04%	39.11%	12.66%	10.46%
2014	24.02%	13.44%	39.34%	12.88%	10.33%

资料来源：根据《中国统计年鉴》（2005—2016）整理所得。

另一方面，从 2004 年到 2014 年各细分行业的构成比例并没有发生太大变化，交通运输、仓储和邮政业占 GDP 的比重最大，科学研究、技术服务和地质勘探业占 GDP 的比重最小。从变化趋势上看，11 年间知识密集型科学研究、技术服务和地质勘探业以及租赁和商务服务业增加值占生产性服务业的增加值比重变化较小，变化范围基本维持在 8% 和 12% 左右。信息传输、计算机服务和软件业增加值占生产性服务业的增加值有小幅下降，由 2004 年的 18.17% 下降到 2014 年的 13.44%。另外，金融业却在 11 年间取得了稳步提升，其增加值比重占生产性服务业的比重由 2004 年的 23.13% 上升到 2014 年的 39.34%，上升幅度明显。但交通运输、仓储和邮政业却有相反的变化趋势，由 2004 年增加值占生产性服务业增加值的 39.90% 下降到 2014 年的 24.02%。

(三) 吸纳劳动力就业能力不断增强

随着我国服务业的不断发展，服务业吸纳劳动力就业的能力日益增强，对经济社会的支撑作用日益突出。2015年，社会总就业人数为77451万人，第一、二、三产业就业人数分别为21919、22693、32839万人。从2004年到2015年，第一产业就业人数降低12911万人，第二产业增加5984万人，而第三产业增加10114万人。

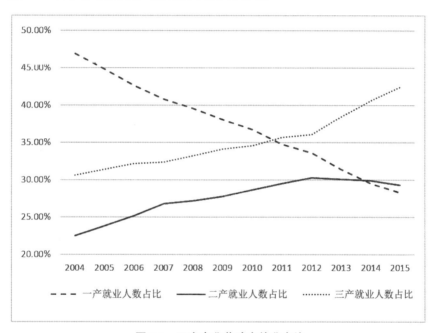

图 3.1　三次产业劳动力就业占比

资料来源：根据《中国统计年鉴》（2005—2016）整理所得。

生产性服务业作为未来服务业发展的重要领域，其对劳动力的吸纳作用也逐年增强，生产性服务业为解决高低端劳动力就业，保持社会安定以及经济发展做出了强有力的贡献。2014年，我国生产性服务业就业总人数2562.7万人，相比2004年的1528.0万人增加了1034.7万人，其中，租赁和商业服务业新增就业最多为271.8万人，信息传输、计算机服务和软件业新增就业为223.4万人，各细分行业就业人数都实现了不同程度的增长。从吸纳劳动力就业的绝对量来分析，租赁和商业服务业，信息传输、计算机服务和软件业是绝对主力。这些都说明生产性服务业对劳动力就业的带动越来越强，在经济发展过程中会扮演越来越重要的角色。

表3.11 生产性服务业各行业就业人数

单位：万人

年份	交通运输、仓储和邮政业	信息传输、计算机服务和软件业	金融业	租赁和商业服务业	科学研究、技术服务和地质勘探业
2004	631.8	123.7	356.0	194.4	222.1
2005	613.9	130.1	359.3	218.5	227.7
2006	612.7	138.2	367.4	236.7	235.4
2007	623.1	150.2	389.7	247.2	243.4
2008	627.3	159.5	417.6	274.7	257.0
2009	634.4	173.8	449.0	290.5	272.6
2010	631.1	185.8	470.1	310.1	292.3
2011	662.8	212.8	505.3	286.6	298.5
2012	667.5	227.8	527.8	292.3	330.7
2013	733.9	384.6	520.8	439.8	379.4
2014	799.5	347.1	549.0	466.2	400.9
2004-2014年新增就业人数	167.7	223.4	193.0	271.8	178.8

资料来源：根据《中国城市统计年鉴》（2005—2016）整理所得。

（四）对经济增长的贡献率呈上升趋势

随着生产性服务业的地位不断提高，对经济增长和服务业发展的贡献率也逐年提升，这里采取增加值增量占比进行贡献率测算，2005—

2013年,生产性服务业对GDP和服务业贡献率总体呈现递增趋势,[①]2005年对GDP和服务业增加值贡献率分别为17.10%、38.31%,而到2013年则分别为27.34%和44.27%。其中,2009年生产性服务业对GDP贡献率低至13.83%,而对服务业的贡献率2008年低至27.22%,但是随后快速增加,特别是近年来均已增加2—4个百分点。

表 3.12 中国生产性服务业对GDP和服务业的贡献率

年份	对GDP的贡献率	对服务业的贡献率
2005	17.10%	38.31%
2006	18.39%	38.83%
2007	14.01%	32.90%
2008	16.52%	27.22%
2009	13.83%	32.41%
2010	23.34%	52.27%
2011	22.24%	39.55%
2012	25.02%	41.44%
2013	27.34%	44.27%

资料来源:根据《中国统计年鉴》(2006—2016)整理所得。

(五)生产性服务业全球价值链地位开始由低端向高端转化

随着我国制造业GVC国际地位的逐年攀升,带动了生产性服务业作为中间投入的需求,我国生产性服务业开始步入全球价值链上游环节。通过TiVA数据库2011年对61个国家生产性服务业在全球价值链地位的测算可知:在生产性服务业中,新西兰的交通运输与仓储服务业GVC地位指数最高,其次是中国,印尼最低;邮政与电信服务业中,

---

① 2010年,生产性服务业对第三产业贡献率达到52.27%,主要原因可能是由于经济普查后数据调整引起的。

GVC最高的为巴西,中国排名第十位;在金融中介服务中,中国位列第二,但是远低于排名第一的新西兰;在计算机与相关服务中,研发及其他服务业领域中国GVC地位指数均排名第二。可以看出,中国生产性服务业贸易开始由低端向高端转化。

表3.13　2011年生产性服务业GVC地位指数排名前10国家情况

行业		1	2	3	4	5	6	7	8	9	10
生产性服务业	交通运输与仓储	新西兰	中国	巴西	澳大利亚	哥伦比亚	美国	南非	俄罗斯	日本	印尼
		0.238	0.227	0.215	0.206	0.176	0.166	0.160	0.154	0.144	0.143
	邮政与电信	巴西	哥伦比亚	新西兰	澳大利亚	智利	日本	土耳其	哥斯达黎加	南非	中国
		0.257	0.235	0.223	0.215	0.213	0.211	0.200	0.198	0.191	0.189
	金融中介	新西兰	日本	中国	阿根廷	巴西	土耳其	墨西哥	法国	哥伦比亚	希腊
		0.205	0.193	0.181	0.181	0.170	0.166	0.152	0.149	0.147	0.146
	租赁	澳大利亚	中国	南非	巴西	法国	新西兰	印尼	泰国	美国	希腊
		0.358	0.343	0.286	0.234	0.212	0.211	0.210	0.207	0.206	0.202
	计算机及相关服务	新西兰	中国	阿根廷	巴西	日本	美国	墨西哥	印尼	澳大利亚	俄罗斯
		0.344	0.334	0.243	0.222	0.207	0.207	0.207	0.206	0.189	0.181
	研发与其他服务	匈牙利	中国	南非	希腊	澳大利亚	巴西	印尼	日本	罗马尼亚	哥斯达黎加
		0.304	0.302	0.256	0.225	0.208	0.202	0.183	0.155	0.151	0.148

资料来源:根据TiVA数据库计算所得。

二、中国生产性服务业发展中存在的问题

我国生产性服务业的发展受经济发展阶段制约。经济发展阶段理论认为,随着社会经济发展水平的提高,对应于经济发展过程的需求结构

沿着维持基本生存的最初需求—中间需求—享受性、发展性的最终需求的轨迹变化；随着技术进步，对应于技术革命引致的生产要素投入结构沿着资源依赖型和劳动密集型—资本密集型—技术知识密集型的轨迹变化。我国目前正处于从工业化中期向工业化中后期转变的时期，生产性服务业仍处于大规模发展的等待阶段。但我国生产性服务业发展仍存在以下四个方面问题：

（一）生产性服务业滞后于制造业的发展

虽然我国生产性服务业的发展取得了突出的成就，增加值从 2004 年的 2.33 万亿元提升到 2014 年的 11.86 万亿元，但是制造业增加值从 2004 年的 5.17 万亿元上升到 2014 年的 19.56 万亿元。从图 3.2 可以看出生产性服务业滞后于制造业的发展，制造业增加值曲线较生产性服务业增加值曲线更为陡峭，即制造业增长趋势更为明显。同时，2014 年，我国制造业增加值占 GDP 的比重为 36.31%，但是同期生产性服务业增加值占 GDP 的比重仅为 18.42%，生产性服务业在国民经济中的地位低于制造业的地位，且显著滞后于制造业的发展。不仅在全国层面的生产

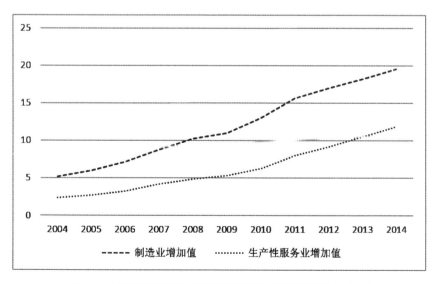

图 3.2　中国制造业与生产性服务业增加值变动趋势（万亿）

资料来源：《中国统计年鉴》（2005—2013）。

性服务业滞后于制造业的发展，就连我国服务业发展状况良好的北京、上海、广州等城市的生产性服务业发展也显著滞后于制造业的发展。

（二）生产性服务业发展层次低

从我国生产性服务业内部结构分析来看，以科学研究、技术服务和地质勘探业以及信息传输、计算机服务和软件业为代表的高端生产性服务业发展水平较低，2014年科学研究、技术服务和地质勘探业占比仅为10.33%，在生产性服务业内部占比最低，且上升幅度较小，2004—2014年间仅上升了2.79%。而以交通运输、仓储和邮政业为代表的传统生产服务业在生产性服务业中仍然占据一席之地，2014年占比为24.02%。高端生产性服务业发展不足、发展缓慢的问题制约着我国生产性服务业的发展，使我国生产性服务业基础薄弱、竞争力不强，无法满足制造业企业生产所需的专业化需求，在很大程度上制约我国制造业转型升级发展。

（三）生产性服务业集聚水平不高，且区域之间发展不平衡

随着我国生产性服务业在国民经济发展中的地位不断提高，产业间关联使生产性服务业在一定范围内形成了集聚，对于促进经济转型、提升经济发展质量具有重要意义。但就目前而言，我国生产性服务业集聚总体水平不高，而且各细分行业与各区域之间发展不均衡。以空间基尼系数为例，我国生产性服务业总体水平不高，而且空间基尼系数表现出行业异质性，信息传输、计算机服务与软件业，租赁和商务服务业集聚水平较高，但交通运输、仓储和邮政业以及金融业集聚水平较低，各行业发展水平不均衡。这些都说明我国生产性服务业集聚无论在总体集聚水平还是各细分行业集聚水平，都有很大的发展空间。

表 3.14　中国生产性服务业各细分行业空间基尼系数

年份	交通运输、仓储和邮政业	信息传输、计算机服务和软件业	金融业	租赁和商务服务业	科学研究、技术服务和地质勘探业
2008	0.00357	0.03038	0.00105	0.03962	0.01794
2009	0.00355	0.02906	0.00092	0.04738	0.01931
2010	0.00353	0.03450	0.00105	0.04707	0.01803
2011	0.00426	0.03718	0.00142	0.03192	0.01910
2012	0.00386	0.03908	0.00176	0.03442	0.01745

资料来源：《中国区域统计年鉴》（2009—2013）。

从各区域来看，各地生产性服务业集聚水平发展不均衡，北京、上海、天津、广东等经济较发达的省市以及青海、新疆等人口较少的省（自治区）生产性服务业区位熵较高。而其他地区生产性服务业集聚发展水平仍然较低，且出现不同程度的断层。

表 3.15　中国各省（市）生产性服务业区位熵

省（市、自治区）	2004	2010	2011	2012	2013	2014
北京	1.8708	2.6700	2.7233	2.8335	2.7635	2.7811
天津	1.1671	1.2104	0.9236	1.0376	1.0213	1.0558
河北	0.8990	0.9468	0.9315	0.9092	0.9759	1.0148
山西	0.9165	0.8648	0.9059	0.8715	0.8397	0.9877
内蒙古	0.8976	0.9202	0.9418	0.9238	0.9949	0.9700
辽宁	1.0798	1.0751	1.1190	1.1046	1.0426	1.0709
吉林	0.9951	0.9502	0.9888	1.0483	0.9539	0.9112
黑龙江	0.8339	0.9384	1.0285	0.9918	1.1950	1.0864
上海	1.7275	1.9586	1.6287	1.4634	2.4493	2.0271

（续表）

省（市、自治区）	2004	2010	2011	2012	2013	2014
江苏	0.9710	0.8324	0.8575	0.8899	0.7554	0.7332
浙江	0.9510	0.8231	0.8403	0.8997	0.8655	0.8532
安徽	0.8866	0.8553	0.8275	0.8202	0.8099	0.8512
福建	0.6555	0.6873	0.5832	0.5795	0.7187	0.6999
江西	0.7701	0.8370	0.7594	0.7532	0.7954	0.6870
山东	0.6762	0.6971	0.6892	0.6977	0.7478	0.7721
河南	0.7482	0.6643	0.6643	0.6557	0.6432	0.6426
湖北	0.8395	0.7629	0.8061	0.8166	0.7316	0.7746
湖南	0.9046	0.7642	0.8327	0.8595	0.8296	0.9552
广东	1.0220	1.0326	1.0834	1.1056	0.9105	0.9283
广西	0.9858	0.9737	1.0982	1.1364	0.9587	0.9381
海南	1.4031	1.2560	1.2533	1.2267	1.2317	1.3634
重庆	1.0807	1.0101	0.8803	0.8055	0.7717	0.7789
四川	0.8459	0.8001	0.8055	0.8352	0.9742	1.0309
贵州	0.7671	0.7976	0.7860	0.7253	0.7976	0.8747
云南	1.0884	0.9411	0.9337	0.8658	0.9499	0.9476
陕西	1.0069	1.0846	1.1535	1.2104	1.2139	1.1045
甘肃	0.9367	0.8070	0.8287	0.8545	0.8103	0.7874
青海	1.6314	1.4996	1.4797	1.4601	1.2153	0.9493
宁夏	0.6233	0.9353	1.0198	1.0174	1.0393	1.0287
新疆	1.3511	1.3409	1.3926	1.2143	1.1272	1.0088

资料来源：根据《中国统计年鉴》（2005—2015）计算所得。

三、生产性服务业发展困境的原因分析

（一）现有工业结构导致对生产性服务业的有效需求不足

生产性服务业为制造业的中间产品，制造业是生产性服务业主要的需求主题，但是我国目前工业结构表现为工业主要集中于传统劳动密集型行业，知识密集型行业较少。同时，工业和信息化部联合国家发改委和中国工程院共同发布的《发展服务型制造专项行动指南》中指出，我国制造业服务化不足，根据《2014中国装备制造业服务创新调查》报告显示，78%的调查企业的服务收入占总营业收入比重不足10%，只有6%的调查企业占比超过20%，远远低于2010年全球领先制造业企业26%的平均水平。在这种情况下，制造业服务外包较少，整个生产基本由制造企业本身完成，这样，制造企业对交通运输、仓储和邮政业等传统生产性服务业具有一定的需求，而对信息传输、科学技术等高端生产性服务业需求较少，这就容易造成制造企业技术创新、产品研发、产品升级等方面发展滞后，导致制造业对生产型服务业的需求减少。另一方面，从外资企业来看，外商在中国的直接投资基本上也是以劳动密集型企业为主，没有很好发挥外商直接投资的技术和知识溢出效应，加上外资企业母国的生产性服务业一般较为发达，外资企业的生产性服务业基本由跨国公司提供，对本地的生产性服务业需求较少，特别是对本地高端生产性服务业需求更少，这就进一步造成对生产性服务业有效需求不足。因此在内、外两种情况下，目前我国工业结构都无法将生产性服务业的潜在需求转化为有效需求。

（二）配套机制和市场化程度不完善

目前，我国大部分生产性服务业行业存在进入管制和垄断，生产性服务业的竞争力也在很大程度上受到抑制，较多的管制和较高的进入门槛将大多数的潜在投资者拒之于外，使非国有经济和外资难以进入，导致市场化程度较低，进一步形成不规范和不成熟的市场竞争，从而弱化市场竞争机制配置生产性服务业资源的基础性作用，同时还在一定程度

上抑制和削弱制造企业生产性服务外包的动力。由于我国目前生产性服务业处于刚开始快速发展阶段，相当多的生产性服务企业规模偏小、技术含量不高以及管理水平较为滞后，这也使得提供的生产性服务质量较低，抑制了市场供给能力，市场竞争力较弱。同时，我国关于生产性服务业方面的政策法律体系不健全，尤其缺乏高端生产性服务业发展的相关配套政策法规，并且目前我国一些生产性服务业的政策执行缺少透明度，行业管理较为混乱，这将严重阻碍生产性服务业的发展。

（三）人力资本缺乏和技术创新能力不足

生产性服务业知识密集性和异质性的特点决定了生产性服务业需要高级人才和技术作为支撑，特别是信息传输、计算机服务、科学研究、综合技术服务业等知识密集型生产性服务业。人力资本和技术创新是生产性服务业存在的基础和发展的动力。虽然目前我国高等教育规模较大，但由于教育基础较为薄弱，而且基本是模式化教育，难以满足知识密集型生产性服务业与其他高端生产性服务业的要求，结果造成高端人力资本较少，并且外流严重。特别是具有服务外包实践经验的技术人才和管理人才严重匮乏，这样将使得技术创新缺乏最基本的主体而无法顺利进行，导致我国大部分生产性服务企业技术创新能力不足，只能在传统生产性服务业进行投资和竞争，结果造成这些生产性服务业效率低下，不能形成有效供给。

第三节 中国制造业与生产性服务业发展趋势

一、中国制造业发展趋势分析

改革开放以来，我国制造业持续快速发展，建成了门类齐全、独立完整的产业体系，有力推动了工业化和现代化进程，显著增强了综合国力，支撑了中国世界大国地位。然而，与世界先进水平相比，我国制造业仍然大而不强，在自主创新能力、资源利用效率、产业结构水平、信息化程度、质量效益等方面差距明显,转型升级和跨越发展的任务紧迫而艰巨。当前,新一轮科技革命和产业变革与中国加快转变经济发展方式形成历史性交汇,国际产业分工格局正在重塑,因此坚持制造业创新驱动,质量为先,改变制造业发展方式,逐步实现粗放制造向绿色制造改变,优化产业结构,促进制造业转型升级是我国制造业未来一段时间的发展趋势。

(一)坚持创新驱动,实现制造业高端化、智能化发展

坚持创新发展对于我国全面建成小康社会具有重要意义。创新是制造业不断发展的重要源泉,也是促使我国实现由制造大国向制造强国转变的关键。实现要素驱动向创新驱动转变,是我国制造业在劳动力成本上升、资源短缺、环境污染严重等现象逐渐显现的情况下必须选择的新型驱动力量。未来我国制造业将朝着高端化、智能化方向发展,网络和信息技术、物联网、超常态制造、云制造等高端制造业的发展迫切需要创新发展,实现技术突破。因此,我国制造业的发展必须将增强创新能力摆在更加突出的位置,实现技术创新市场化导向,加强产学研合作研发力度,提高科技成果转化率,逐步走上制造业创新发展的道路。

(二)坚持质量为先,把质量作为建设制造强国的生命线

质量为先,是我国制造业未来一段时间必须要坚持的路线,也是我国供给侧改革的重要内容。因为产品的高质发展不仅关乎人们的日常生活,也是我国制造业竞争力提升的重要体现,更是国家整体实力与产业核心竞争力、科技创新、管理能力、劳动者素质等因素的综合反映。近几年,我国制造业整体质量水平不断提升,促进了消费领域的革新性发展。在生活品消费领域,表现为消费层次不断提升,消费倾向开始由数量消费向质量消费转变;消费类型由单一化向多样化转变。在生产性消费品领域,则更加注重基础设备、零件以及大型设备的稳定性、安全性以及一致性等。制造业产品质量不高,会压制或转移消费需求,缩小制造业产品的市场份额,影响我国制造业在国际上的声誉。制造业产品质

量提升,有助于放大市场需求、扩大市场占有率。坚持质量为先,把质量作为制造业发展的生命线,实现制造业产品的高质量发展,有助于制造业适应新的发展形势,实现真正意义上的制造强国。

(三)实现粗放制造向绿色制造转变

当前,我国制造业发展所引起的高能耗、高污染严重破坏了人们赖以生存的生态环境,如何在减少资源消耗、保护生态环境的同时促进经济持续健康发展,绿色制造的实现具有重要意义。绿色制造主要指通过运用技术创新及系统优化等手段,实现产品在整个生命周期中环境影响小、资源能源利用率最高、企业经济效益与社会效益协调优化的良好局面。我国未来制造业的发展过程中全面推行绿色制造,实现制造业绿色转型发展,对于克服传统工业发展的弊端,加快形成绿色化的生产方式,打造制造业国际竞争新优势具有重要意义。实现从高耗能、高污染的粗放发展向高效率、低污染的绿色制造转变,把绿色发展作为建设制造强国的着力点,推动绿色产业的发展,是实现制造强国的重要途径。

(四)逐步优化产业结构,促进制造业转型升级

在当前我国制造业发展大而不强的形势下,优化和调整产业结构是未来制造业发展的趋势。在朝制造强国发展的过程中,基础设施建设、国防安全建设、工农业生产、国家科技水平提升都需要完善、多层次的制造业体系。在产业结构优化方面,我国一方面在注重发展高端制造业和先进制造业,提高制造业高端化水平的同时,也注重提高传统制造业从业者的生产技能,进而提升劳动密集型产业的质量与效率。另一方面逐步推进制造业和生产性服务业的良性发展,通过生产性服务业作为制造业的中间投入逐步优化制造业产业结构。在产业组织结构方面,以培育一批世界级的制造业跨国大企业为基础,进而在跨国企业的引领下,在国内建立大批专业性、创新性强的高新技术产业,逐步优化产业结构。在产业集聚方面,以提高产业集聚的层次和质量为目标,建立具有特色的国际化制造集群;调整优化制造业产业空间布局,加快劳动密集型产

业向中西部梯度转移，实现东中西部地区制造业协调发展。

二、中国生产性服务业发展趋势分析

生产性服务业涉及农业、工业等产业的多个环节，具有专业性强、创新活跃、产业融合度高、带动作用显著等特点，是全球产业竞争的战略制高点。加快发展生产性服务业，是向结构调整要动力、促进经济稳定增长的重大措施。2014年，国务院发布《关于加快发展生产性服务业促进产业结构调整升级的指导意见》，这将进一步突显生产性服务业发展在经济发展中的位置，为未来一段时间我国生产性服务业发展指明了方向。

（一）生产性服务业与制造业的融合发展程度不断加深

生产性服务业与制造业协同发展主要体现在制造业对生产性服务业的"拉力"，以及生产性服务业对制造业的"推力"上。但就现阶段我国生产性服务业发展现状而言，这两股力量并没有达到理想水平。由于我国生产性服务业与制造业协调发展能力不强，未来我国制造业服务化趋势将会更加明显。制造业经过近几十年的发展已经形成巨大的规模总量和市场份额，虽然我国制造业发展迅速，产业基础也越来越雄厚，但自主创新能力不足，还处在中低端水平；生产技术还比较落后，高技能性工人短缺。另外，自主生产研制的产品有限，多为外来加工和贴牌生产，对外依赖性强，缺乏核心竞争力。生产性服务业来自制造业，服务于制造业，制造业的服务化是一种趋势。所以，生产性服务业将会融合制造业的核心价值创造圈，为制造业创造更多价值。同时，随着制造业向高端水平过渡，必须依靠生产性服务业进行核心引领。目前，越来越多的工业制造业依靠提供优质服务获取竞争优势，服务收入所占的比重逐年上升。伴随着经济全球化进程以及市场竞争国际化趋势的不断增强，创造优势服务意识将逐渐被企业所接受。随着现代科学技术的迅速发展以及消费者对产品的个性化需求将会越来越大，提升制造业服务化程度，实现制造业与生产性服务业互动协调发展将会是我国未来生产性服务业发展的趋势。

（二）生产性服务业品牌建设逐步提升

随着信息化和经济全球化的不断发展，生产性服务业发展将上升到新台阶，各地正逐步加大对生产性服务业名优企业和名牌产品的扶持和保护力度以及对重点企业的支持，大力实施商标、品牌与质量提升战略。一方面，生产性服务业中具有自主知识产权的技术创新、知识创新和模式创新的企业，将会逐步创建知名品牌，发挥品牌引领和带动作用，形成具有特色的品牌价值评价机制。另一方面，生产性服务业企业也将逐步开展自主品牌建设，选择一批核心竞争力强、效益高的企业，培育和打造一批具有重大影响力的服务品牌企业、品牌集聚区域，增强品牌引领功能，提高生产性服务业核心竞争力和区域影响力。

（三）生产性服务业集聚程度将逐渐加深

伴随着我国经济逐步进入新常态，制造环节的盈利提升空间将逐渐减小，而生产性服务由于自身高附加值、高技术密集的特点能够为企业带来更高的价值增值，生产性服务业已经成为未来经济发展的重要领域。但要想实现进一步发展与提升，需要实现产业结构内部的产业创新以及结构优化升级，而这只有通过一定区域内各生产性服务业企业之间的紧密协作才能实现。另外，实现创新性的管理技术研发以及金融创新需要物流管理、信息技术研发等生产性服务业企业在一定区域内实现集聚，从而互相学习和合作，实现知识和技术的溢出。由于我国生产性服务业集聚水平不高，且区域之间发展不均衡，在未来发展过程中，将更加倾向于形成产业集群的良好态势，逐步实现生产性服务业自身的发展和产业的融合，促进生产性服务业企业之间的合作和交流，实现生产性服务业不断发展，使生产性服务业更好地服务于实体经济。

第四节　本章小结

随着我国改革开放进程的不断加快，我国制造业发展迅速，成为国民经济持续健康快速发展的重要支柱和推动力量。我国制造业取得的成就主要体现为：(1)制造业规模不断扩大，制造业大国地位大幅提升。2011年，我国超越美国成为全球第一制造业大国，在500余种主要工业产品中，有220多种产量位居世界第一。(2)创新投入总量不断增加。我国创新资源投入持续增加，创新能力发展水平大幅超越其经济发展阶段，领先于世界其他发展中国家，突出表现在知识产出效率和质量快速提升、企业创新能力稳步增强等方面。(3)制造业产业结构和技术水平逐步优化。我国制造业逐步由传统产业向高新产业迈进，电子及通信设备制造业、生物工程、新材料等领域在内的高技术产业都具有突出表现。(4)我国制造业"引进来""走出去"战略取得可观成绩。在"引进来"方面，我国凭借完整的产业配套体系、完善的基础设施、强大的市场需求以及不断提高的创新能力，使得我国制造业逐渐成为全球价值链垂直分工下的重要制造业基地，引进外商投资额逐年增加。我国企业对外投资方面更是表现出强劲的态势，截止到2015年底实现对外直接投资存量为785.28亿美元。同时，我国制造业发展面临的困境主要表现为资源能源利用效率低、环境污染问题突出；技术创新能力弱、缺乏核心竞争力；全球价值链参与程度较高但仍处于低端；产能过剩现象加剧、落后产能淘汰难度大；制造业集聚程度各区域差别较大。

随着我国制造业的不断发展，对生产性服务业的有效需求也随之增加，我国生产性服务业逐渐成为经济增长的重要引擎和优化产业结构的助推器。改革开放以来，我国生产性服务业在总量和结构上都取得了显著成就：(1)规模不断扩大。在总量上取得了新的突破，增加值逐年提高，且增长速度不断加快。(2)内部结构进一步优化。内部结构呈现出较为明显的变化趋势，从增加值角度看，各细分行业增加值都有明显提升,其中金融业增加值提升最多。(3)吸纳劳动力就业能力不断增强。2014 年,我国生产性服务业就业总人数 2562.7 万人,相比 2004 年的 1528.0 万人增加了 1034.7 万人,其中,租赁和商业服务业新增就业最多为 271.8 万人,信息传输、计算机服务和软件业新增就业为 223.4 万人,各细分行业就业人数都实现了不同程度的增长。(4)对经济增长的贡献率呈上升趋势。2005—2013 年生产性服务业对 GDP 和服务业贡献率总体呈现递增趋势,2005 年对 GDP 和服务业增加值贡献率分别为 17.10%、38.31%,而到 2013 年则分别为 27.34% 和 44.27%。(5)生产性服务业全球价值链地位开始由低端向高端转化。通过 TiVA 数据库 2011 年对 61 个国家生产性服务业在全球价值链地位的测算,在生产性服务业中,新西兰的交通运输与仓储服务业 GVC 地位指数最高,其次是中国,印尼最低;在邮政与电信服务业 GVC 最高的为巴西,中国排名第十位,在金融中介服务中中国位列第二。同时,我国生产性服务业也存在一些问题,例如,生产性服务业滞后于制造业的发展、发展层次低、集聚水平不高且区域间发展不平衡。

目前,新一轮科技革命和产业变革与我国加快转变经济发展方式形成历史性交汇,国际产业分工格局正在重塑,因此,应坚持创新驱动,实现制造业高端化、智能化发展;坚持质量为先,把质量作为建设制造强国的生命线;实现粗放制造向绿色制造转变;优化产业结构,促进制造业转型升级。而生产性服务业涉及农业、工业等产业的多个环节,具有专业性强、创新活跃、产业融合度高、带动作用显著等特点,是全球产业竞争的战略制高点,因此,应不断促进生产性服务业与制造业的融合发展、提升生产性服务业品牌建设、提高生产性服务业集聚程度。

第四章 中国生产性服务业水平发展与制造业竞争力分析

第一节 问题的提出

生产性服务业已成为发达国家经济增长的重要引擎以及产业结构优化升级的助推器。随着我国经济快速发展和工业化进程不断加快,从总量上看,我国制造业借助先行一步的市场化改革得到快速发展,已经成为世界"制造大国",但是目前我国制造业主要采取高投入和高消耗的生产方式,这种生产方式长期将难以维持,这样也就造成我国制造业整体核心竞争力较弱,缺乏国际竞争力,结果是我国制造业的技术含量和产品附加值均较低,并且处于全球价值链的低端,这样只能在发达国家制造业产品趋于成熟阶段时介入市场,根本无法与发达国家制造业进行异化竞争。而解决这一问题的重要方式,就是依靠生产性服务业的高知识密集性特点,不断促进制造业转型升级,逐渐提高制造业竞争力,这是由于生产性服务业水平发展过程本质上是资源重新优化整合与技术含量增加的过程,生产性服务业将成为制造业增长的新动力,且制造业产业升级的关键因素之一是生产过程中生产性服务业的中间投入。因此,在目前我国制造业转型发展阶段,有必要研究生产性服务业水平发展提升制造业竞争力的作用,以了解其对制造业发展的作用,从而更好地处理生产性服务业水平发展与制造业升级的关系。

从目前已有的研究来看,无论从理论上还是实证分析上,这些研究结论均表明生产性服务业水平发展对制造业竞争力（效率）的提升具有一定的促进作用，但也存在一定的不足：一是对于生产性服务业的外延，大多数学者均采用不同的统计口径，有的学者采用简单的三个细分行业进行分析，有的学者将一些消费性服务业归为生产性服务业，这样的外延统计将导致研究结果出现偏差；二是对于制造业效率，有的学者采用单一指标（如采用制造业全员劳动生产率）进行衡量，有的学者运用索洛剩余法方法进行衡量，这样的计算结果与实际情况有较大偏差；三是基本上所有研究均采用静态模型估计方法进行分析，有的学者仅从单一的行业层面或仅从地区层面进行分析，而没有从这两个层面同时进行分析比较。由此，基于前文界定生产性服务业外延统计的基础上，本书在以下方面作出努力：一是制造业效率的衡量，本书采用数据包络分析法（DEA）测算制造业全要素生产率，且以固定资本与流动资本之和作为资本投入的基础数据，这不同于目前大多数研究中只以固定资本作为资本投入进行衡量；二是同时采用静态和动态模型估计方法，从地区和生产性服务业细分行业层面进行分析，从而使研究结论更为细致和准确。

综上，本书理论分析生产性服务业对制造业的影响，在测算制造业效率基础上，从地区和行业层面实证分析生产性服务业水平发展对制造业竞争力的影响。

第二节　理论分析

一、生产性服务业通过专业化分工降低制造业制造成本

专业化分工主要表现在市场规模扩大和生产过程中迂回生产两个方面（Young, 1928）。专业化分工可以促使制造企业将一些内部职能如咨询服务、会计服务、广告服务、物流服务等不断外部化，外包一些生产性服务环节，这样，制造企业可以节省用于生产性服务体系的投资，减少企业的沉没成本；同时，外部提供的生产性服务业由于较易实现规

模经济和范围经济,这就比制造企业内部提供的生产性服务更有效率,生产成本更低,从而降低可变成本,因此,生产性服务业将降低制造企业的生产成本。

另外,随着分工不断细化和深化,原有的价值链将产生分裂,逐渐形成分工更为专业分工的部门。同时,随着市场规模的扩大,生产性服务企业将提供标准化和可编码的生产性服务活动,也将逐渐获得规模经济效应,这将降低制造业中间投入成本,从而降低平均生产成本,提高制造业企业生产效率。另外,这种天然的内生的产业联系将强化它们之间的"客户—供应商"关系,即制造业需要在较近的空间距离中充分利用生产性服务的投入,这将有利于生产性服务企业与制造企业建立稳定有效的战略合作关系,不断降低制造企业的交易成本。

二、生产性服务业通过差异化服务促进制造业形成差异化优势

在市场竞争程度不高的情况下,制造业产品往往具有较高的同质性,随着市场竞争程度的加剧,制造企业往往通过提供差异化产品获得竞争优势,而产品的差异可以来源于产品本身,也可以来源于产品其他方面,如产品售后服务。而生产性服务业具有差异化特点,生产性服务业将通过产品设计、产品营销、产品广告、产品售后服务等方面的差异,细化产品差异,不断拓展产品的差异空间,使得制造企业通过产品差异化取得竞争优势,这也将导致制造企业逐渐减小对产品制造环节的依赖,这样,在市场竞争中,制造企业生产差异化产品往往需要高级生产性服务业的支持,生产性服务企业将根据制造企业的需求提供差异化的服务,使得生产性服务业的价值链有效地嵌入制造业价值链中,通过差异化服务,不断提高对技术水平、市场能力等价值链高端环节的控制能力,实现价值增值,提高制造业的附加值。这种市场优势将降低制造业由于市场竞争引致的其他成本,提高制造企业盈利能力,促进制造企业生产效率提高,从而不断提升制造业竞争力。

三、生产性服务业通过知识密集化提高制造业技术创新能力

制造业竞争力的提升和转型升级需要技术创新和技术进步的支持，而技术创新和技术进步需要依靠高级人力资本和知识资本。在实际中，制造企业难以在生产各个环节取得优势，只能在某些环节取得优势。生产性服务业是人力资本和知识资本等高级要素的载体，将引导高级人力资本和知识资本进入制造业的生产过程中，主要表现在对制造业价值链不同环节的支持：在价值链上游，生产性服务业为制造业提供产品设计、产品研发等服务；在价值链中游，为制造业提供生产运用、生产监督等服务；在价值链下游，为制造业提供物流服务、产品营销、产品售后等服务；而在整个价值链上，为制造业提供信息服务、管理服务、咨询服务等。生产性服务业对制造业的高级人力资本和知识资本的支持是制造企业技术创新的重要支持源泉，因此，生产性服务业将促进制造业生产过程中的技术创新；同时，生产性服务业本身的技术创新也将渗透到制造业中去，改变制造业产品的技术路线，进而改变制造业的生产成本函数，带来新的市场需求，从而不断提高制造业的营运效率、经营规模和其他投入要素的生产率，逐渐促进制造业竞争力的提升。

综合上述分析，生产性服务业可能促进制造业竞争力遵循以下"螺旋式上升"路径：首先，生产性服务业通过专业化分工的深化，不断降低制造业的制造成本，即生产性服务业通过产业关联关系，提升专业化和规模化，促进制造业市场规模的扩大，充分实现规模经济效应，不断降低制造业制造成本和交易成本，提高制造业生产效率，而制造业在此基础上，将更加专注提高企业的核心能力，从而不断提升制造业核心竞争力。制造业通过产业后向联系，将不断提高生产性服务业专业化水平，促进生产性服务业竞争力提升，从而促进生产性服务业水平发展，进而为制造业提供更有效率的服务。其次，生产性服务业也将通过差异化服务，降低市场竞争引致的其他成本，不断提高对高端价值链的控制能力。

同时，生产性服务业知识密集性也将提升制造业技术创新能力，从而提升制造业竞争力。最后，制造业竞争力的提升也将促进制造业的发展和增加对生产性服务业的需求，这也将促进生产性服务业水平发展，这样就形成生产性服务业和制造业协同发展演进的局面，实现产业竞争力提升和产业升级的循环累积因果关系，如图 4.1 所示：

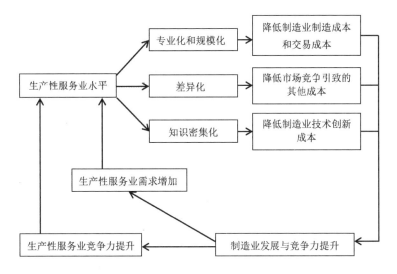

图 4.1　生产性服务业水平发展与制造业竞争力关系

第三节　制造业效率的测算

如何比较准确地衡量制造业效率是本书进行分析的基础。对于制造业效率的估计，在相关实证研究中不同学者使用不同的指标进行衡量，经常使用相对劳动生产率、产出率、制造业全员劳动生产率等指标，以及索洛剩余法、收入份额法等计算衡量制造业生产率。很显然，这些指标既有优点也有缺点，例如，使用劳动生产率等单一指标只能是简单估计，只能测度出制造业效率的某个方面，而不能反映整体。索洛剩余法的必要条件是已知资本和劳动投入的产出弹性。收入份额法的使用由于缺少历史资料而受到限制，而且根据不同的技术水平假设以及不同的变量单位都可能得到不同的参数估计值,这与实际经济情况不符,同时资本产出弹性估计量可能出现负偏的倾向,这样,普通最小二乘法估计的全要素生产率也是有偏的。索洛剩余法还需要假设技术水平是一个固定不变的常数或是时间的指数函数,这种假设在实际中难以令人信服,因为技术水平的提高是许多已知和未知因素共同作用的结果,既不是固定不变的,也不是时间的指数函数,应该是一种难以确定的非线性函数(许冰,2008)。

本书尝试弥补使用单一指标和索洛剩余法的局限,运用数据包络分析法(DEA)进行估计,DEA方法的基本思路是以非参数方法,通过比较不同经济体同一时点的加权投入和产出数量,构造出一个最佳前沿产出水平,通过将各观测点的实际产出水平与最佳前沿产出水平进行比较,得到它们的效率指标。在DEA分析中,资本投入、劳动投入和总产出是三个必不可少的变量。本书考虑数据的可得性,选取制造业21个细分行业,分别为:农副食品加工业;食品制造业;烟草制品业;饮料制造业;造纸及纸制品业;纺织业;纺织服装、鞋、帽制造业;石油加工、炼焦及核燃料加工业;医药制造业;化学原料及化学制品制造业;化学纤维制造业;黑色金属冶炼及压延加工业;有色金属冶炼及压延加工业;非金属矿物制品业;金属制品业;交通运输设备制造业;通用设备制造业;专用设备制造业;通信设备、计算机及其他电子设备制造业;电气机械及器材制造业;仪器仪表及文化、办公用机械制造业。对于总产出指标,本书使用行业工业总产值衡量,为消除不同年份间的价格差异,本书采用各行业工业品出厂价格指数,以2004年不变价格对行业工业总产值进行折算调整。对于劳动投入,本书考虑到数据的可得性,以行业年均就业人数进行衡量。对于资本投入,大多数研究以固定资本衡量,考虑到制造业普遍具有固定资本投入以及流动资本需求较高的特点,如果仅以固定资本衡量,可能会低估固定资本依赖性强的行业产出率,所以还应考虑流动资本的投入(钱学锋等,2011;陈丰龙、徐康宁、

2012)。因此，本书以固定资本与流动资本之和作为资本投入的基础数据。在计算的过程中，本书使用流动资本净值平均余额表示流动资本，固定资产价格指数以 2004 年为基期进行调整。

为了更好地分析我国制造业效率及其变化的基本情况，这里选取除西藏外的 30 个省市（自治区）2004—2015 年的数据，所需数据来自历年各省市统计年鉴以及《中国工业经济统计年鉴》《中国经济普查年鉴》《中国统计年鉴》。本书利用 DEAP 2.1 软件计算出 2004—2014 年这 30 个省市（自治区）制造业全要素生产率。

本书对我国整体制造业效率和地区制造业效率进行计算，具体描述性统计结果见表 4.1。从全国来看，我国制造业效率总体在逐渐上升，从 2004 年的 0.7578 上升到 2014 年的 0.8062，而省际的效率相对差距不断缩小，标准差由 2004 年的 0.1496 降到 2014 年的 0.1428。从地区制造业效率来看，东部地区制造业效率最高，中部地区制造业效率其次，西部地区制造业效率最低。东部地区制造业效率在逐渐降低，而中部和西部地区的制造业效率在逐渐增加，但是从平均水平来看，中部、西部地区与东部地区的平均水平差距在逐渐缩小，例如，中部与东部地区差距由 2004 年相差 0.1864 减少到 2014 年的 0.0207。但从各地区的标准差来看，东部地区的标准差略有增加，而中部地区的标准差增加最大，这在一定程度上说明中部地区制造业在发展过程中各省份之间差异越来越大。

表 4.1 2004—2014 年中国制造业效率水平描述性统计

时间	全国		东部		中部		西部	
	平均值	标准差	平均值	标准差	平均值	标准差	平均值	标准差
2004	0.7578	0.1496	0.9112	0.0895	0.7266	0.0894	0.6271	0.0763
2005	0.7668	0.1439	0.8999	0.0994	0.7431	0.0872	0.6511	0.0808
2006	0.7650	0.1341	0.8848	0.0850	0.7438	0.1118	0.6606	0.0894

（续表）

时间	全国		东部		中部		西部	
	平均值	标准差	平均值	标准差	平均值	标准差	平均值	标准差
2007	0.7910	0.1361	0.8873	0.0927	0.7996	0.1427	0.6884	0.0950
2008	0.8007	0.1322	0.8838	0.0995	0.8041	0.1318	0.7153	0.1139
2009	0.7759	0.1403	0.8531	0.0991	0.7835	0.1729	0.6933	0.1261
2010	0.7916	0.1470	0.8620	0.0924	0.8335	0.1693	0.6906	0.1221
2011	0.7984	0.1378	0.8681	0.0916	0.8276	0.1671	0.6821	0.1195
2012	0.8002	0.1431	0.8578	0.1002	0.8384	0.1542	0.6836	0.1162
2013	0.8033	0.1394	0.8622	0.0948	0.8402	0.1623	0.6924	0.1201
2014	0.8062	0.1428	0.8605	0.0987	0.8398	0.1586	0.6861	0.1213

注：东部地区包括北京、辽宁、河北、山东、天津、浙江、上海、江苏、广东、福建、海南11个省市；中部地区包括黑龙江、吉林、山西、安徽、河南、湖北、江西、湖南8个省市；西部地区包括新疆、内蒙古、四川、贵州、重庆、甘肃、陕西、云南、宁夏、青海、广西11个省市或自治区。

同样，本书根据江静、刘志彪、于明超（2007）的划分方法，将这21个细分行业划分为劳动密集型、资本密集型以及技术密集型制造业，[①]同时，运用DEA方法分别计算这三种类型制造业的效率，具体描述性统计结果见表4.2。从计算结果看，劳动密集型制造业效率在逐渐下降，由2004年的0.7876下降到2014年的0.7194，而标准差总体在逐渐增加。技术密集型制造业效率则逐渐增加，由2004年的0.6909上升到2014年的0.7423，而标准差总体呈现降低趋势。

---

① 劳动密集型行业：农副食品加工业；食品制造业；饮料制造业；烟草制品业；纺织业；纺织服装、鞋、帽制造业；造纸及纸制品业。
资本密集型行业：石油加工、炼焦及核燃料加工业；非金属矿物制品业；黑色金属冶炼及压延加工业；有色金属冶炼及压延加工业；金属制品业；通用设备制造业；专用设备制造业；仪器仪表及文化、办公用机械制造业。
技术密集型行业：化学原料及化学制品制造业；医药制造业；化学纤维制造业；交通运输设备制造业；电气机械及器材制造业；通信设备、计算机及其他电子设备制造业。

表 4.2　2004—2014 年中国不同类型制造业效率水平描述性统计

时间	劳动密集型		资本密集型		技术密集型	
	平均值	标准差	平均值	标准差	平均值	标准差
2004	0.7876	0.1519	0.7607	0.1453	0.6909	0.2195
2005	0.7703	0.1585	0.7493	0.1411	0.6527	0.2286
2006	0.7548	0.1605	0.7496	0.1394	0.6753	0.1923
2007	0.7162	0.1647	0.7116	0.1504	0.6961	0.1924
2008	0.7205	0.1715	0.6448	0.1434	0.7245	0.1735
2009	0.7316	0.1898	0.5729	0.1547	0.6932	0.1754
2010	0.7299	0.1821	0.6274	0.1489	0.7365	0.1820
2011	0.7306	0.1797	0.6332	0.1513	0.7324	0.1754
2012	0.7294	0.1824	0.6278	0.1456	0.7402	0.1706
2013	0.7187	0.1819	0.6342	0.1472	0.7389	0.1748
2014	0.7191	0.1822	0.6421	0.1459	0.7423	0.1727

第四节　实证分析

一、计量模型、方法和数据

根据前面的理论分析，本书构建以下模型：

$$\ln me_{it} = \beta_0 + \beta_1 \ln ps_{it} + \beta_2 \ln afn_{it} + \beta_3 \ln sw_{it} + \beta_4 \ln gc_{it} + \beta_5 \ln fdir_{it} + \mu_{it}$$

各变量选择如下：

（1）被解释变量：制造业竞争力（me_{it}）。这里根据本书对制造业竞争力实质的界定，使用制造业效率来衡量，用各省市的制造业全要素生产率进行表示。

（2）核心解释变量：生产性服务业发展水平（ps_{it}）。目前，对于生产性服务业水平发展，许多学者选择不同的指标进行衡量，例如，使用生产性服务业增加值、增加值比重、就业比重、产业密度等，本书选取生产性服务业增加值衡量其发展水平，用来进行计量模型分析。

另外，本书加入四个其他控制变量：

（1）资本有机构成（afn_{it}）。一般情况下，资本有机构成与全要素生产率呈正相关，即资本有机构成越高，制造业劳动生产率也越高。而江静等（2007）、喻春娇（2012）等的实证结果表明，资本有机构成将影响制造业竞争力，因此，本书选取资本有机构成作为控制变量进行分析，这里用人均固定资产净值年平均余额进行衡量。

（2）熟练劳动力（sw_{it}）。根据人力资本理论，分析制造业竞争力时需要考虑到熟练劳动力的影响。已有的研究主要根据受教育程度或掌握的专有技术来区分熟练和非熟练劳动力。这里根据制造业的特点，使用中等职业学校毕业生人数与普通高校毕业生人数之和表示熟练劳动力数量，用来反映制造业劳动力的素质和技能水平。在一般情况下，劳动力素质和技能水平对劳动生产率的提高具有一定的决定作用。虽然中等职业学校毕业生人数与普通高校毕业生人数之和不能准确度量地区熟练劳动力，但在本书中只是一个控制变量，主要用来减少核心变量的遗漏变量偏误。

（3）政府规模（gc_{it}）。目前，与许多发达国家不同，在我国经济增长过程中，政府的投资与消费起着重要的作用，政府规模的大小将会影响企业的生产效率。一方面，政府对基础设施等公共产品的投资将有利于制造业生产效率的提高；另一方面，政府的投资同时会产生一定挤出效应，并且往往不以盈利和经济效率最优化进行，这就可能抑制制造业生产效率的提高。政府规模效应的大小将取决于这两方面的作用大小。这里使用政府消费占最终消费比例来衡量地区的政府规模的大小。

（4）外商直接投资（$fdir_{it}$）。一个地区的外商直接投资（FDI）不仅可以增加地区的物质资本存量，还将通过技术溢出效应对制造业竞争力产生影响，效应大小将取决于外资企业的溢出效应和内资企业的竞争效应。从理论上分析，一个国家和地区的 FDI 越大，企业将越容易吸收先进技术和先进管理经验，从而提高制造业竞争力。这里，考虑到各地区大小的差异，使用 FDI/GDP 来进行衡量，本书根据各年度汇率中间价将外商直接投资调整为人民币计价。

由于数据的可获得性，本书选取安徽、北京、上海、天津、山东、广东、海南、浙江、江苏、福建、吉林、湖南、河南、山西、重庆、广西、新疆、宁夏、青海、内蒙古共 20 个省市或自治区 2004—2014 年的数据。所有数据均来自历年各省市统计年鉴以及《中国统计年鉴》《中国工业经济统计年鉴》。

本书从静态模型和动态模型进行估计分析，静态模型是本书基本的计量回归模型，但静态模型的内生性问题在估计过程中最难以控制。因此，本书进一步采用动态面板数据的估计方法进行处理。这里采用系统广义矩估计（SYS-GMM）方法，这种方法是将方程的水平系统和差分系统结合在一起作为一个系统，从而提高了估计的有效性。由于 SYS-GMM 是建立在一定的假设基础上进行估计的，为避免模型内生性问题引起回归系数的偏误，需要检验模型设定和工具变量选取的合理性和有效性，这里我们采用 AR 检验和 Sargan 检验，AR 检验差分方程的残差二阶序列是否相关，而 Sargan 检验工具变量的总体有效性，如果通过这两类检验，说明模型设定正确并且估计也是合理的（陈强，2010）。

二、实证结果与分析

为更好地细化、准确地分析生产性服务业对制造业竞争力的作用机制，首先，本书运用我国 20 个省市或自治区样本数据，在分析我国整体生产性服务业提升制造业竞争力的作用的基础上，分别对东部和中西部生产性服务业提升制造业竞争力的作用进行分析，以比较东部和中西部之间的差异。其次，本书分析生产性服务业提升不同类型制造业竞争力的作用。最后,分析各生产性服务业细分行业提升制造业竞争力的作用。

(一)地区层面

本书分别进行固定效应和随机效应估计,并进行 Hausman 检验,以判断是选取固定效应模型还是随机效应模型。从检验结果看,在1%的显著性水平下均拒绝虚拟假设,因此本书采用固定效应模型,具体结果见表4.3中的模型(1)、模型(3)以及模型(5);同时,本书采用 SYS-GMM 方法进行估计,具体结果见表4.3中的模型(2)、模型(4)以及模型(6)。从估计结果看,静态和动态模型中变量符号保持一致,只是在系数和显著性方面存在差异,这里根据 SYS-GMM 方法的估计结果进行分析。

表4.3 生产性服务业水平发展提升不同地区制造业竞争力实证分析结果

解释变量	被解释变量					
	全国		东部地区		中西部地区	
	模型(1)(FE)	模型(2)(SYS-GMM)	模型(3)(FE)	模型(4)(SYS-GMM)	模型(5)(FE)	模型(6)(SYS-GMM)
生产性服务业发展水平	0.6214(0.000)	0.5202(0.000)	0.7523(0.000)	0.5324(0.007)	0.3849(0.003)	0.3421(0.026)
资本有机构成	0.0824(0.048)	0.1682(0.005)	0.3854(0.056)	0.5636(0.071)	0.0011(0.095)	0.0293(0.058)
熟练劳动力	0.6494(0.000)	0.6227(0.000)	0.4915(0.000)	0.3372(0.005)	0.9608(0.000)	1.2580(0.000)
政府规模	0.4337(0.028)	1.1371(0.000)	-0.2831(0.366)	-0.6912(0.715)	0.9087(0.000)	1.4980(0.000)
FDI/GDP	0.0093(0.787)	0.0005(0.124)	0.1375(0.089)	0.0008(0.090)	-0.0144(0.719)	-0.0007(0.531)
cons	-2.5561(0.000)	-0.4511(0.032)	-2.9074(0.022)	-1.1066(0.037)	-0.9282(0.071)	-0.6468(0.000)

（续表）

解释变量	被解释变量					
	全国		东部地区		中西部地区	
	模型（1）(FE)	模型（2）(SYS-GMM)	模型（3）(FE)	模型（4）(SYS-GMM)	模型（5）(FE)	模型（6）(SYS-GMM)
	0.9201		0.9906		0.9869	
F 值	241.87		224.11		177.91	
Abond test for AR(1)		-2.5017 (0.012)		-2.4804 (0.013)		-1.9287 (0.043)
Abond test for AR(2)		0.9867 (0.324)		1.1981 (0.231)		-1.4575 (0.145)
Sargan test		16.6101 (0.481)		7.4598 (0.991)		4.6272 (0.998)

注：括号内为 p 值。

从全国层面来看，生产性服务业水平发展、资本有机构成、熟练劳动力数量、政府规模均对制造业竞争力提升有正向促进作用，但是外商直接投资未能促进制造业竞争力提升。从实证结果看，生产性服务业水平发展对制造业竞争力的提升具有显著作用，生产性服务业发展水平每提高1%，制造业竞争力将提高0.4253%，这样，实证结果验证了前面的理论分析：随着我国生产性服务业专业化分工的深化，生产性服务业通过人力、技术和知识资本，直接提高制造业生产过程中的运营效率和生产效率，降低产品的制造成本和交易成本，进而提高制造业竞争力。资本有机构成的提高对制造业竞争力的提升具有一定的正向促进作用，这与我们的理论预期一致，但是其作用明显低于生产性服务业的促进作用，资本有机构成并不是制造业竞争力提升最主要的决定因素，这不同于之前较多学者的结论。熟练劳动力数量是提升制造业竞争力的重要因素，这说明在我国制造业的投入生产要素中，劳动投入占较大比例，熟练劳动力是制造业发展的重要环节，因此劳动力素质和技能的提高能够较大程度地提高制造业竞争力。政府规模对制造业竞争力的提高有极其重要的促进作用，这说明我国制造业发展在一定程度上仍然依赖于政府投资与消费。目前，从整体来看，政府规模对我国制造业竞争力提升的作用大于政府行为扭曲资源配置所带来的效率损失。外商直接投资对我国制造业竞争力提升作用不显著，主要原因是我国制造业外资主要集中在劳动密集型行业，投资动机大多为"市场寻求型"，没有对我国制造业产生溢出效应。

从区域层面看，东部和中西部地区生产性服务业水平发展均对制造业竞争力提升有重要作用，其中在东部地区，生产性服务业水平发展是制造业竞争力提升最为重要的因素。东部地区资本有机构成对制造业竞争力提升作用大于中西部地区，而熟练劳动力数量对中西部地区制造业竞争力影响更大。政府规模对东部地区制造业竞争力影响不显著，而对中西部地区制造业影响较大，这说明在中西部地区制造业发展在很大程度上仍然依赖于政府投资与消费，而东部地区可能由于经济发达和开放度较高，政府行为扭曲资源配置所带来的效率损失较大，从而对制造业竞争力作用不显著。外商直接投资对东部地区制造业竞争力具有一定的提升作用，对中西部地区作用不显著，这说明在东部地区，外商直接投资为制造企业带来国外先进技术与管理经验，对东部地区制造业产生一定的溢出效应；在中西部地区主要为劳动密集型行业，溢出效应不明显。

（二）不同类型制造业层面分析

本书进一步考察生产性服务业提升劳动密集型、资本密集型以及技术密集型制造业竞争力的作用。本书分别进行固定效应和随机效应估计，并进行 Hausman 检验，以判断是选取固定效应模型还是随机效应模型。从检验结果看，宜采用固定效应模型，具体结果见表4.4中的模型（1）、模型（3）以及模型（5）；同时，本书采用 SYS-GMM 方法进行估计，具体结果见表4.4中的模型（2）、模型（4）以及模型（6）。从估计结果看，静态和动态模型中变量符号保持一致，只是在系数和显著性方面存在差异，这里根据 SYS-GMM 方法的估计结果进行分析。

表 4.4 生产性服务业水平发展提升不同类型制造业竞争力实证分析结果

解释变量	被解释变量					
	劳动密集型行业		资本密集型行业		技术密集型行业	
	模型（1）（FE）	模型（2）（SYS-GMM）	模型（3）（FE）	模型（4）（SYS-GMM）	模型（5）（FE）	模型（6）（SYS-GMM）
生产性服务业发展水平	0.1765（0.000）	0.5367（0.038）	0.2834（0.000）	0.6258（0.000）	0.1189（0.007）	0.2415（0.000）
资本有机构成	0.0413（0.022）	0.1127（0.053）	0.2238（0.000）	0.1754（0.000）	0.0049（0.714）	0.0403（0.216）
熟练劳动力	0.3462（0.000）	0.2547（0.000）	0.2416（0.000）	0.3867（0.000）	0.0441（0.002）	0.3146（0.000）
政府规模	0.1496（0.013）	0.3217（0.000）	0.1127（0.341）	0.0962（0.524）	0.0513（0.043）	0.2784（0.000）
FDI/GDP	0.0001（0.0435）	0.0001（0.041）	0.0007（0.000）	0.0007（0.000）	-0.0004（0.498）	-0.00007（0.541）
cons	1.2141（0.000）	0.0734（0.528）	1.7345（0.000）	2.9517（0.000）	0.0146（0.064）	0.7628（0.021）
R^2	0.8758		0.7361		0.8276	
F 值	197.61		134.67		113.42	
Abond test for AR(1)		-2.6213（0.006）		-2.3647（0.018）		-3.6218（0.007）
Abond test for AR(2)		0.8634（0.376）		-0.9341（0.288）		-0.0751（0.469）
Sargan test		17.3452（0.394）		18.0296（0.346）		16.347（0.687）

注：括号内为 p 值。

从实证结果来看，生产性服务业水平发展对劳动密集型制造业、资本密集型制造业以及技术密集型制造业竞争力均有显著提升作用，但作用大小不同，对资本密集型制造业作用最大，对技术密集型制造业作用最小，这可能与我国生产性服务业的内部结构相关。我国生产性服务业中科学研究、技术服务、信息传输以及计算机服务等高端生产性服务业所占比例较低，而金融业所占比例较高，例如，2014年，科学研究、技术服务和地质勘查业所占比重仅为10.33%，信息传输、计算机服务和软件业所占比重为13.44%，金融业所占比重为39.34%。在其他控制变量中，外商直接投资对技术密集型制造业竞争力作用不显著，这就说明本书在引进外商投资时要注重引进投资的质量。资本有机构成对技术密集型制造业竞争力提升作用不显著，而熟练劳动力对技术密集型制造业竞争力提升作用最大，这从一个侧面说明当前我国技术密集型行业面临的突出问题不是提高物质资本比重，而是要注重人力资本和知识资本的培养。

（三）细分行业层面分析

在细分行业层面实证分析中，本书分别进行固定效应和随机效应分析，并进行Hausman检验，从检验结果看，本书采用固定效应模型，具体结果见表4.5；同时，采用SYS-GMM方法进行估计，具体结果见表4.6。这里，表4.5和表4.6中的模型（1）分析生产性服务业五个细分行业提升制造业竞争力的作用，模型（2）至模型（6）单独分析各个细分生产性服务业提升制造业竞争力的作用，本书同样根据SYS-GMM方法的估计结果进行分析。

从实证结果看，模型（1）可以发现交通运输，仓储和邮政业，信息传输、计算机服务和软件业，金融业，租赁和商务服务业这四个细分行业均能显著促进制造业竞争力的提升，交通运输、仓储和邮政业促进作用最大，金融业最小，但是科学研究、技术服务和地质勘查业对制造业竞争力促进作用不显著，这说明我国制造业发展仍然以粗放式为主，制造企业能通过交通运输、仓储和信息传输服务等降低运输成本，提高信息获取速度，从而提升制造业生产效率，而粗放式生产对科学研究和技术服务的需求不高，因此科学研究和技术服务对制造业竞争力的提升作用不显著。模型（2）至模型（6）的实证结果表明，对于制造业竞争力的提升作用最为显著的是交通运输、仓储和邮政业，而科学研究、技术服务和地质勘查业最小,且对制造业竞争力提升的弹性仅为0.0243%,这也进一步说明我国制造业发展仍然以粗放式为主,科学研究和技术服务对制造业竞争力的提升作用不显著。熟练劳动力和政府规模在所有模型中均通过了显著性检验,并且是促进制造业竞争力提升最为重要的因素,这也进一步验证了前面的分析结论。外商直接投资对我国制造业竞争力提升作用不显著,这与前面的分析一致。而资本有机构成在模型(1)中作用不显著,这与整体生产性服务业分析结论不一致,这可能是由于在整体生产性服务业分析中资本有机构成作用较小,而具体到细分行业中则变得不显著。

表 4.5 细分生产性服务业水平发展提升制造业竞争力静态分析结果

解释变量	被解释变量					
	模型(1)	模型(2)	模型(3)	模型(4)	模型(5)	模型(6)
交通运输、仓储和邮政业	0.2148 (0.036)	0.5237 (0.000)				
信息传输、计算机服务和软件业	0.2781 (0.045)		0.4127 (0.000)			
金融业	0.0354 (0.012)			0.1457 (0.011)		
租赁和商务服务业	0.1243 (0.024)				0.2387 (0.000)	
科学研究、技术服务和地质勘查业	0.0081 (0.349)					0.0243 (0.061)
资本有机构成	0.0426 (0.574)	0.1752 (0.187)	0.3124 (0.011)	0.3571 (0.000)	0.3674 (0.034)	0.4562 (0.000)
熟练劳动力	0.6541 (0.001)	0.7125 (0.000)	0.6058 (0.000)	0.6873 (0.000)	0.7851 (0.000)	0.7691 (0.000)
政府规模	0.4596 (0.021)	0.5164 (0.037)	0.4028 (0.041)	04437 (0.029)	0.4673 (0.019)	0.3764 (0.054)

（续表）

解释变量	被解释变量					
	模型（1）	模型（2）	模型（3）	模型（4）	模型（5）	模型（6）
FDI/GDP	0.0271 （0.524）	-0.0064 （0.764）	-0.0041 （0.824）	-0.0437 （0.192）	-0.0297 （0.385）	-0.0305 （0.427）
cons	-2.3451 （0.001）	1.7546 （0.001）	-1.6423 （0.002）	-0.7241 （0.062）	-0.5127 （0.069）	-0.9521 （0.043）
	0.9013	0.9121	0.8952	0.8762	0.9022	0.8756
F 值	141.24	216.36	224.31	199.62	211.34	194.67

注：括号内为 p 值。

表 4.6　细分生产性服务业水平发展提升制造业竞争力动态分析结果

解释变量	被解释变量					
	模型（1）	模型（2）	模型（3）	模型（4）	模型（5）	模型（6）
交通运输、仓储和邮政业	0.9845 （0.000）	0.6945 （0.000）				
信息传输、计算机服务和软件业	0.2132 （0.036）		0.05741 （0.046）			
金融业	0.1342 （0.007）			0.1164 （0.061）		
租赁和商务服务业	0.0236 （0.056）				0.0421 （0.028）	
科学研究、技术服务和地质勘查业	0.1653 （0.528）					0.0284 （0.012）
资本有机构成	0.0842 （0.364）	0.0712 （0.237）	0.4638 （0.002）	0.5341 （0.007）	0.5173 （0.013）	0.3246 （0.011）
熟练劳动力	0.5267 （0.000）	0.5724 （0.000）	0.8726 （0.000）	0.7124 （0.000）	0.7962 （0.000）	0.8247 （0.000）

（续表）

解释变量	被解释变量					
	模型（1）	模型（2）	模型（3）	模型（4）	模型（5）	模型（6）
政府规模	0.8836 （0.000）	1.1054 （0.000）	1.1122 （0.000）	0.9846 （0.000）	1.0378 （0.000）	0.9364 （0.000）
FDI/GDP	0.0003 （0.687）	-0.0001 （0.624）	-0.0005 （0.167）	-0.0009 （0.189）	-0.0006 （0.128）	-0.0007 （0.172）
cons	-2.8459 （0.000）	-2.1683 （0.000）	0.8634 （0.004）	-0.5246 （0.001）	-0.6357 （0.004）	-0.7364 （0.016）
Abond test for AR（1）	-1.9624 （0.043）	-2.1139 （0.034）	2.5496 （0.007）	-2.3641 （0.012）	-2.1563 （0.006）	-2.3486 （0.008）
Abond test for AR（2）	1.4221 （0.163）	1.2397 （0.248）	0.1648 （0.754）	1.0697 （0.361）	0.4587 （0.634）	-0.3361 （0.824）
Sargan test	13.8543 （0.753）	17.6523 （0.516）	17.6591 （0.861）	18.3270 （0.391）	17.6527 （0.412）	19.2573 （0.418）

注：括号内为 p 值。

第五节 本章小结

本书利用 2004—2014 年 20 个省市（自治区）的面板数据，采用静态和动态估计方法，从地区和细分行业层面分析我国生产性服务业水平发展对制造业竞争力的影响，可以得出以下结论与启示：

（1）我国整体生产性服务业水平发展对制造业竞争力的提升具有显著作用，在细分行业中，交通运输、仓储和邮政业对制造业竞争力的促进作用最大，科学研究、技术服务和地质勘查业促进作用不显著，这与我国目前制造业粗放式发展以及生产性服务业内部结构相关，而要显著提高我国制造业竞争力，根本是大力发展资本和技术密集型等先进制造业，而先进制造业对信息传输、计算机服务和软件业，金融业，科学研究和技术服务等高端生产性服务业的依赖性较大。因此，目前应该采取各种措施大力发展高端生产性服务业。

（2）从区域层面看，东部和中西部地区生产性服务业水平发展均对制造业竞争力提升有促进作用。在东部地区，生产性服务业水平发展是制造业竞争力提升最为重要的因素，中西部地区则具有一定的促进作用。因此，在目前阶段，对于东部和中西部地区生产性服务业水平发展应制定不同的政策，东部地区应更倾向于发展高端生产性服务业，中西部地区则应重点提高传统生产性服务业服务效率。

（3）生产性服务业水平发展对劳动密集型制造业、资本密集型制造业以及技术密集型制造业竞争力均有显著促进作用，但作用大小不同，对资本密集型制造业作用最大，对技术密集型制造业作用最小，可能与我国生产性服务业的内部结构相关，因此，应采取措施优化生产性服务业内部结构，提高高端生产性服务业比例。

（4）政府规模对制造业竞争力提高有正向促进作用，这说明我国制造业发展在一定程度上仍然依赖于政府投资与消费，但从长远来说，政府规模所带来的资源配置效率损失大于政府规模对制造业竞争力提升作用，这在东部地区得以验证，因此应合理利用政府投资，形成有效的溢出效应，吸引先进制造业和高端生产性服务业，形成产业集聚效应。

（5）无论从地区还是行业层面，熟练劳动力数量都是制造业竞争力提升的重要因素。实际上，生产性服务发展依赖于人力资本的投入，即在一定程度上，熟练劳动力数量的增加也将促进生产性服务业水平发展，因此，应采取政策增加熟练劳动力，建立多层次人才培养机制。

（6）从全国和细分行业层面来看，外商直接投资对我国制造业竞争力提升作用不显著，因此，应调整吸引外资的思路，加大对先进制造业和生产性服务业的引资力度，且对生产性服务业引资应当成为我们长远的引资战略目标，从而充分实现外商直接投资的溢出效应。

第五章 中国生产性服务业集聚发展与制造业竞争力分析

第一节 问题的提出

近年来，我国生产性服务业发展较快，2014年，生产性服务业实现增加值为118632.67亿元；同时，我国生产性服务业出现了空间地域上的集聚，且集聚水平也在不断提高，生产性服务业集聚水平在我国服务业14个细分行业中位居前列，并逐渐提高。集聚水平较高的地区为北京、上海、广东等东部地区，而这些也是制造业集中区域，从而在空间上形成了与制造业互动发展的格局，并且生产性服务业与制造业之间已经出现共同集聚且集聚水平逐渐上升（陈国亮和陈建军，2012），这种空间上的互动发展格局将怎样影响生产性服务业集聚与制造业竞争力的关系，还需要进一步探讨。同时，由于生产性服务业的知识密集性和流动性，生产性服务业与制造业互动将不局限于同一区域，这样，生产性服务业集聚对制造业竞争力的影响可能存在溢出效应。另一方面，我国制造业借助先行一步的市场化改革，取得巨大的发展，2011年，我国制造业增加值占全球比重为18.70%，成为制造业规模最大的国家，且在制造业发展过程中，也形成了大量的制造业集聚。同时，国内外许多学者对制造业集聚与制造业竞争力之间的关系进行研究，大量的研究表明制造业集聚将有效促进制造业竞争力的提升（王丽丽和范爱军，2009；吕宏芬和刘斯敖，2012）。也有学者进一步分析制造业集聚的外部性效应，解释制造业集聚对制造业竞争力的溢出效应。

在理论方面，生产性服务业集聚主要通过竞争效应、专业化效应、知识溢出效应以及规模经济效应等方面提升生产性服务业的效率，这同时也会提升制造业竞争力（Eswarn M. & Kotwal A.，2002；陈建军等，2009；盛丰，2014）。在实证方面，有的学者认为生产性服务业集聚带来的上下游产业关联效应将促进整体产业竞争力的提升（徐从才等，2008）；有的学者认为我国城市生产性服务业集聚能够显著提高本地区工业效率，且对工业的外溢效应存在区域边界（顾乃华，2011）；有的学者认为生产性服务业集聚将促进制造业升级或竞争力提升，且对周边地区制造业升级或竞争力提升存在空间溢出效应（宣烨，2012；盛丰，2014）。

基于以上，就产生另一需要关注的问题，即与制造业集聚相比，生产性服务业集聚对制造业竞争力的影响大小如何？本书尝试回答以下几个问题：（1）生产性服务业集聚及其细分行业集聚对制造业竞争力影响如何？（2）与制造业集聚相比，生产性服务业集聚对制造业竞争力影响程度如何？（3）目前，生产性服务业集聚是否具有边界溢出效应？（4）生产性服务业集聚的外部性效应如何？因此，相比已有的文献，本书尝试在以下三个方面进行拓展：（1）将制造业集聚、生产性服务业集聚同时引入分析框架中，以比较两者对制造业竞争力影响的大小；（2）基于生产性服务业细分行业间存在较大的差异性，分析不同生产性服务业细分行业集聚对制造业竞争力的影响程度；（3）考虑到生产性服务业集聚的边界溢出效应，进一步分析生产性服务业集聚的 MRA 外部性和 Jacobs 外部性效应。

第二节　理论分析

生产性服务业源于制造业中间需求的形成。随着信息技术的发展、全球分工的加快以及服务外包的出现，对生产性服务业空间布局规律的认识逐步发生变化，由围绕制造业布局的衍生集聚向优化制造业布局的共生发展转变，生产性服务业对制造业的推动作用逐步增强，表现为链条关系的优化和知识溢出的增强。区域格局变迁也加深了生产性服务业集聚对制造业升级的影响，推动了空间上产业之间特别是与制造业的协同集聚发展。归结起来，生产性服务业集聚通过强化核心环节、提升创新激励、优化发展环境促进制造业升级。

（一）生产性服务业集聚强化制造业的核心环节

制造业集聚是以产品需求为导向形成的，更容易受外部市场变化的冲击。随着制造业规模化集聚的加快，有限资源难以实现制造业企业间的均衡分配，外部市场竞争的加剧会迫使制造业企业剥离非核心业务和服务，外包给生产性服务业企业，集中优势资源投入企业核心环节能够提高核心产品的附加价值，降低生产成本和企业内部交易成本，从而获得更大的盈利空间。制造业环节的细化增强了不同规模企业间的差异化优势，有利于产业间的横向合作。专业化分工提高了制造业企业内部的资源配置效率，强化了市场的风险抵御能力，从而灵活应对市场变化。服务外包也为生产性服务业发展提供契机，强化生产性服务业与制造业的共生关系，生产性服务业集聚为制造业提供专业化服务，能够推动产业链的节点细化和功能延伸，强化制造业核心环节，从而实现制造业规模经济和核心竞争力的提升。

（二）生产性服务业集聚提升制造业的创新能力

相对于制造业，生产性服务业内部的知识和技术更为前沿。生产性服务业集聚与制造业特别是制造业集聚将通过建立正式的合作关系和非正式的交流与互动实现大量创新资源的共享，而人力资本的相互交流与学习也会拓展技术和知识的传递路径，将生产性服务环节的隐性技术和知识转化为制造环节的显性知识和生产力，有助于制造业企业人力资本、管理经验等高级生产要素的积累，激发创新激励，提升技术竞争力，而且生产性服务业的人力资本也会加快知识溢出。生产性服务业集聚能够有效地整合制造业内部投入要素间的关联性与互补性，从而避免制造环节创新投入的沉没成本，使之更专注于研发环节。此外，生产性服务业集聚在对制造业企业非核心环节挤出的同时，也会加快制造业企业对产品研发投入的增加，推动产品生产的高技术化。生产性服务业集聚推动制造业创新形成产业链上的价值层级和价值网络，为产业链条上知识和技术的溢出营造良好的空间格局。

（三）生产性服务业集聚提升制造业价值链

生产性服务业集聚过程中不断优化制造业的发展环境。生产性服务业研发活动较为频繁，在市场需求作用下，会逐步提高高素质人力资本构成，使得生产性服务业与制造业集聚区周围形成较大的专业化劳动力市场，进而也形成制造业企业稳定的劳动力和人力资本来源，从而降低搜寻和培养人才的成本，推动制造业研发环节向着生产性服务业的外围集聚。生产性服务业通过规模集聚效应降低制造业企业服务成本、提高服务质量。当然，随着市场饱和，生产性服务业也会面临横向竞争效应，从而加强不断提高服务质量、降低服务价格的激励。制造业服务外包以及生产性服务业的竞争效应会推动所提供服务的专业化和精细化程度，细分服务功能和环节，从而形成制造业与生产性服务业互动发展的良性格局。生产性服务业集聚也将通过推动制造业的工艺流程升级、产品升级、功能升级、国内价值链升级，逐步形成带动国内制造业在全球价值链治理体系下向中高端攀升的动力机制。

此外，地域格局的不断演化同样优化产业间的空间协同。区域开发单元从省级向城市群转变，开发单元的缩小强化了地域临近性，为优化生产性服务业与制造业的空间集聚协同提供区域布局基础，降低跨区域服务的递送成本，提高知识传播和应用效率。生产性服务业集聚对制造业升级的推动作用已然成为当前重塑城市群内产业空间结构的主导力量。

第三节 计量模型、方法与数据

（一）计量模型

根据已有的研究结论，本书建立的基本模型为：

$\ln me_{it} = \beta_0 + \beta_1 \ln psaggl_{it} + \beta_n \ln X^n_{it} + \varepsilon_{it}$

其中，i 为地区，t 为时间，me 为制造业竞争力，$psaggl$ 为生产性服务业集聚水平，X^n 为其他控制变量，这里选取资本有机构成（afn）、熟练劳动力（sw）、政府规模（gc）、FDI占GDP的比重（$fdir$）等指标，ε 为随机误差项。

生产性服务业集聚对制造业竞争力影响的大小和方向取决于 β_1 系数的大小和符号。这里，为了比较生产性服务业集聚（$psaggl$）、制造业集聚（$maggl$）对制造业竞争力的影响差异，将基本模型改变为：

$\ln me_{it} = \beta_0 + \beta_1 \ln psaggl_{it} + \beta_2 \ln maggl_{it} + \beta_n \ln X^n_{it} + \varepsilon_{it}$

这里，进一步考虑生产性服务业细分行业集聚[①]，即交通运输、仓储和邮政业集聚（$tspaggl$），信息传输、计算机服务和软件业集聚（$itaggl$），金融业集聚（$faggl$），租赁和商务服务业集聚（$lbaggl$），科学研究、技术服务和地质勘查集聚（$staggl$）对制造业竞争力的影响，因此，将模型进一步修改为：

$\ln me_{it} = \beta_0 + \beta_R \ln saggl^R_{it} + \beta_n \ln X^n_{it} + \varepsilon_{it}$

$\ln me_{it} = \beta_0 + \beta_1 \ln maggl_{it} + \beta_R \ln Saggl^R_{it} + \beta_n \ln X^n_{it} + \varepsilon_{it}$

$R \in \{tspaggl, itaggl, faggl, lbaggl, staggl\}$

（二）计量方法

由于本书中解释变量为制造业竞争力，是一个动态变化的过程，因

[①] 对于生产性服务业外延统计口径，本书根据生产性服务业的定义，采用中间需求率及其动态变化进行判断。本书将我国14个服务业细分行业中的交通运输、仓储和邮政业，信息传输、计算机服务和软件业，金融业，租赁和商务服务业，科学研究、技术服务和地质勘查业作为生产性服务业的统计口径。

此解释变量包含被解释变量的滞后值,此时将会产生内生性问题,同时,本书将生产性服务业集聚、制造业集聚等作为解释变量,解释变量与被解释变量也可能互为因果,也将产生内生性问题。减少和控制模型的内生性问题,基于以下两个方面原因:一是广义矩估计是通过滞后因变量与误差项之间的正交条件提取矩条件,可以得到一致的估计值,这样,该方法以内部变量的滞后期作为工具变量,可以较好地解决内生性问题(Arellano 和 Bover,1991,1995);二是产业集聚对制造业竞争力的影响是一个动态过程,广义矩估计方法能够体现其动态效应,因此,本书采用广义矩估计(GMM)方法进行估计。系统广义矩估计方法是结合方程的差分系统和水平系统作为一个系统进行分析,能提高估计的有效性程度,而差分广义矩(DIF-GMM)估计方法的有限样本特征较差,特别是滞后项与一阶差分项存在弱相关时,因此,本书采用系统广义矩估计方法,同时,采用 AR 检验判断模型设定的合理性以及 Sargan 检验判断工具变量的有效性,以保证计量结果的准确性。

(三)指标选取

(1)制造业竞争力(me):这里根据本书对制造业竞争力实质的界定,使用制造业竞争力来衡量,用各省市的制造业全要素生产率进行表示。

(2)产业集聚水平($aggl$):目前对于产业集聚水平的测定,国内外许多学者使用 Gini 系数、Hoover 指数、EG 指数、区位熵等不同的指标进行,当然,这些指数各有优缺点。由于区位熵能消除区域规模的差异因素,反映地理要素的空间分布,因此,区位熵被国内外许多学者用来测定产业集聚水平,例如,Donoghue 和 Gleave(2004)、陈国亮和陈建军(2012)、杨仁发(2013),所以,本书对于产业集聚水平的测定使用区位熵进行。i 地区 r 产业的区位熵 $aggl$ 计算公式为:

$$aggl = \left(\frac{e_{ir}}{\sum_i e_{ir}}\right) \Big/ \left(\frac{\sum_r e_{ir}}{\sum_i \sum_r e_{ir}}\right)$$

其中，e_{ir} 为 i 地区 r 产业的就业人数。本书通过计算区位熵表示以下产业的集聚程度：生产性服务业集聚（psaggl），制造业集聚（maggl），交通运输、仓储和邮政业集聚（tspaggl），信息传输、计算机服务和软件业集聚（itaggl），金融业集聚（faggl），租赁和商务服务业集聚（lbaggl），科学研究、技术服务和地质勘查集聚（staggl）。

（3）资本有机构成（afn）：一般情况下，生产性服务业集聚将通过知识和技术溢出效应，有效提高基本生产运营效率和改善资源优化配置，从而促进制造业竞争力的提高。理论上，资本有机构成对制造业全要素生产率具有正向促进作用。这里，资本有机构成采用人均固定资产净值年平均余额表示。

（4）熟练劳动力（sw）：已有的研究表明，人力资本是影响制造业竞争力的重要因素之一，而根据生产性服务业和制造业的内在联系，熟练劳动力将会影响制造业竞争力的大小。对于熟练和非熟练劳动力，目前主要根据掌握的专有技术或受教育程度进行划分，考虑到数据的可获得性，对于熟练劳动力的衡量，本书使用普通高校毕业生人数与中等职业学校毕业人数之和表示。这个指标不能准确度量一个地区的熟练劳动力数量，在本书中只是一个控制变量，用来减少核心变量的遗漏变量偏误。

（5）政府规模（gc）：在我国目前的政府考核体系下，政府将更倾向于采取各种措施促进地方产业集聚，较大规模的政府对经济干预能力也较强，政府对地区产业的干预程度大小将影响制造企业生产效率，这里使用政府消费占社会最终消费比例衡量地区的政府规模。

（6）FDI/GDP（fdir）：许多研究表明，外商直接投资（FDI）将通过技术溢出效应对制造业竞争力产生影响，外商直接投资的溢出效应和竞争效应将决定其对制造业竞争力的影响。这里，考虑到各地区外商直接投资规模大小的差异，使用各地区外商直接投资相对规模进行衡量，为 FDI/GDP，且将外商直接投资根据各年度汇率中间价调整为人民币计价。

（四）数据来源

本书选取 2004—2014 年我国除西藏外的 30 个省市为样本进行分析。所有数据来源于历年《中国工业经济统计年鉴》《中国劳动统计年鉴》《中国统计年鉴》以及各省市统计年鉴。

第四节　实证分析

（一）生产性服务业集聚对制造业竞争力的系统 GMM 估计

首先采用系统 GMM 方法估计生产性服务业集聚对制造业竞争力的影响，具体结果见表 5.1 中的模型（1），作为本书的基准模型，同时使用 AR（2）检验和 Sargan 检验对模型设定的合理性和工具变量的有效性进行判断，结果显示模型设立是合理的且工具变量是合适的。另外，为比较生产性服务业集聚与制造业集聚对制造业竞争力的影响，同样采用系统 GMM 估计，具体结果见表 5.1 中的模型（2）和模型（3）。

从实证结果看，生产性服务业集聚能显著促进制造业竞争力的提升，但其促进作用小于制造业集聚的作用，主要由于我国生产性服务业发展水平还处于较低阶段，传统生产性服务业所占比重较高，高端生产性服务业所占比重较低，从生产性服务业增加值占 GDP 比重看，2004—2014 年发展缓慢，有些年份几乎处于停滞状况；[1] 而制造业在同一时期发展非常迅速，形成相当规模的制造业集聚，这样，将造成我国生产性

---

[1] 全国来看，2004 年生产性服务业增加值占 GDP 的比例为 14.41%，占服务业的比例为 34.99%，而 2014 年分别为 18.42% 和 38.51%，其中，生产性服务业增加值占服务业比重在 2008、2009、2011 年出现下降。

服务业集聚的知识和技术溢出效应较低,远低于制造业集聚的溢出效应,从而对制造业竞争力产生不同的影响。同时,进一步将制造业分为劳动密集型、资本密集型、技术密集型行业[①]分别进行系统 GMM 估计,具体结果见表 5.1 中的模型(4)到(6)。结果显示,生产性服务业集聚对这三种类型的制造业竞争力均有促进作用,并且对技术和知识含量越高的制造业竞争力促进作用越大。而制造业集聚对这三种类型制造业竞争力影响则不同,能显著促进资本密集型以及技术密集型行业的效率,对劳动密集型行业效率的影响为负。这主要是由于在我国制造业集聚过程中,大量农村剩余劳动力流向制造业集聚地区,造成制造业集聚地区劳动力过度供给,同时制造业集聚地区中制造企业在同一地区进行低层次相互竞争,不愿意进行技术创新,没能发挥制造业集聚的知识和技术溢出效应,从而抑制劳动密集型制造业竞争力的提升。

在其他控制变量中,资本有机构成对制造业竞争力提升有促进作用,这与绝大多数研究结论一致,熟练劳动力对制造业竞争力均有正向作用,并且对知识和技术含量越高的制造业作用越大。外商直接投资的技术溢出效应对整体制造业竞争力有促进作用,但是对技术密集型行业作用不显著,这也在一定程度上说明目前我国外商直接投资整体质量不高。政府规模对整体制造业竞争力提升作用不显著,且对技术密集型制造业的作用不明显,而对劳动密集型、资本密集型制造业竞争力具有一定的促进作用,这说明目前政府对技术密集型行业干预较大,没能有效发挥市场应有的作用。

---

① 劳动密集型行业包括农副食品加工业,食品制造业,纺织业,饮料制造业,烟草制品业,纺织服装、鞋、帽制造业,造纸及纸制品业。资本密集型行业包括石油加工、炼焦及核燃料加工业,黑色金属冶炼及压延加工业,非金属矿物制品业,有色金属冶炼及压延加工业,金属制品业,专用设备制造业,通用设备制造业,仪器仪表及文化、办公用机械制造业。技术密集型行业包括化学原料及化学制品制造业,化学纤维制造业,医药制造业,电气机械及器材制造业,交通运输设备制造业,通信设备、计算机及其他电子设备制造业。

表 5.1　生产性服务业集聚与制造业竞争力实证结果

解释变量	被解释变量：制造业竞争力					
	整体制造业			劳动密集型行业	资本密集型行业	技术密集型行业
	模型（1）	模型（2）	模型（3）	模型（4）	模型（5）	模型（6）
ln $psaggl$	0.2083*** （2.93）		0.1835*** （1.96）	0.3577*** （3.63）	0.3791*** （5.12）	0.7406*** （3.96）
ln $maggl$		0.3046*** （5.80）	0.3128*** （7.22）	-0.6321* （-1.82）	0.4758** （2.69）	0.6062*** （8.54）
ln afn	0.0665*** （3.74）	0.1436*** （7.43）	0.1540*** （9.10）	0.0564** （2.29）	0.3417*** （6.44）	0.1658*** （5.42）
ln sw	0.1088*** （3.39）	0.3039** （4.66）	0.2873*** （5.11）	0.1047*** （3.21）	0.1596** （2.27）	0.5750*** （11.32）
ln $gcsaggl$	0.0456 （0.88）	0.0566 （1.01）	0.0154 （0.31）	0.1738*** （4.23）	0.1593*** （2.75）	0.0585 （1.62）
ln $fdir$	0.0483*** （5.33）	0.0417*** （7.36）	0.0473*** （6.17）	0.0199*** （3.86）	0.1049*** （4.90）	0.0187 （1.34）
cons	-0.2223 （-1.35）	-1.2462*** （-10.11）	-1.0561*** （-7.67）	0.5723*** （3.62）	1.9679*** （5.03）	2.938*** （9.20）
Abond test for AR（1）	-2.7892 [0.0053]	-2.7730 [0.0056]	-2.1746 [0.0297]	-3.1124 [0.0019]	-2.1081 [0.0350]	-2.1185 [0.0032]
Abond test for AR（2）	-0.6630 [0.5073]	-0.1567 [0.8755]	-0.1239 [0.9014]	0.14407 [0.8854]	0.55911 [0.5761]	-0.2101 [0.8335]
Sargan test	20.6973 [0.3538]	16.0553 [0.6536]	18.5403 [0.4867]	19.5121 [0.4245]	24.0642 [0.1937]	27.6304 [0.1908]

注：表中圆括号内为 Z 统计值，方括号内为 p 值；***、**、* 分别代表 1%、5%、10%的显著性水平；所有回归模型为 twostep。

（二）生产性服务业细分行业集聚对制造业竞争力的系统 GMM 估计

前文实证分析了整体生产性服务业集聚对制造业竞争力的影响，但是在生产性服务业细分行业中差异性较大，因此，有必要分析生产性服务业细分行业集聚与制造业竞争力间的内在联系。这里，同样使用系统GMM估计生产性服务业细分行业集聚对整体制造业、劳动密集型、资本密集型以及技术密集型制造业竞争力的影响。同样，为比较制造业集聚的作用，加入制造业集聚进行计量分析，具体实证结果见表5.2：

表5.2 生产性服务业细分行业集聚与制造业竞争力实证结果

解释变量	被解释变量：制造业竞争力							
	整体制造业		劳动密集型行业		资本密集型行业		技术密集型行业	
	模型（1）	模型（2）	模型（3）	模型（4）	模型（5）	模型（6）	模型（7）	模型（8）
in $tspaggl$	0.1257** (2.37)	0.1241*** (3.08)	0.0806* (1.69)	0.0768* (1.72)	0.2275*** (2.73)	0.2579*** (2.70)	0.1713*** (3.59)	0.1737** (1.79)
in $itaggl$	0.1188*** (8.08)	0.0670*** (5.26)	0.0087 (0.40)	0.0109 (0.46)	0.2288*** (9.70)	0.1851*** (4.60)	0.0571* (1.71)	0.0159* (1.83)
in $faggl$	0.1473*** (6.48)	0.1172*** (4.98)	0.1408*** (3.34)	0.1472*** (3.66)	0.2064*** (3.12)	0.1959*** (3.66)	0.1258*** (3.78)	0.1249*** (4.15)
in $lbaggl$	0.0971*** (7.71)	0.0596*** (6.87)	0.1136*** (9.84)	0.1087*** (7.65)	0.0297*** (7.71)	0.0269*** (7.87)	0.1943*** (6.12)	0.1128*** (5.59)
in $staggl$	0.2053** (8.29)	0.1541*** (3.52)	0.1151** (2.33)	0.1204** (2.41)	0.2053 (1.14)	0.1926 (0.25)	0.1741*** (5.35)	0.1755*** (4.73)
in $maggl$		0.2968*** (6.63)		0.1372 (0.25)		0.2201* (1.67)		0.5215*** (5.31)
in afn	0.0691*** (3.57)	0.1486*** (5.04)	0.0610*** (2.91)	0.0727*** (2.87)	0.1974** (2.51)	0.3121*** (3.55)	0.0563** (2.49)	0.2238*** (4.22)
in sw	0.1279*** (3.90)	0.2608*** (4.16)	0.1039*** (3.45)	0.1183*** (3.10)	0.4235*** (9.32)	0.3245*** (3.98)	0.4737*** (8.12)	0.7079*** (7.17)
in gc	0.0526* (1.85)	0.0486 (1.48)	0.1643*** (1.89)	0.1631*** (3.50)	0.2499* (4.39)	0.2053*** (3.04)	0.0924 (0.87)	0.0225 (0.55)
in $fdir$	0.0378*** (4.51)	0.0409*** (5.04)	0.0118* (1.68)	0.0104 (1.63)	0.1132*** (7.40)	0.1069*** (7.93)	0.0547 (0.42)	0.0032 (0.16)
cons	-0.4051*** (-2.74)	-0.9493*** (-6.56)	0.4696*** (3.58)	-0.9493*** (-6.56)	3.0549*** (10.66)	2.766*** (6.81)	-2.295*** (-3.47)	-3.4202 (-8.04)
Abond test for AR（1）	-2.2171 [0.0266]	-2.2458 [0.0247]	-3.7452 [0.0002]	-3.744 [0.0002]	-2.9401 [0.0034]	-2.3102 [0.0186]	-2.5006 [0.0154]	-3.0569 [0.0247]
Abond test for AR（2）	0.2635 [0.7921]	0.2565 [0.7976]	-0.0221 [0.9823]	0.0619 [0.9507]	0.5873 [0.5570]	0.4237 [0.6718]	-0.8438 [0.3989]	-0.2813 [0.7785]

(续表)

解释变量	被解释变量：制造业竞争力							
	整体制造业		劳动密集型行业		资本密集型行业		技术密集型行业	
	模型(1)	模型(2)	模型(3)	模型(4)	模型(5)	模型(6)	模型(7)	模型(8)
Sargan test	20.4533 [0.3678]	18.2319 [0.5070]	19.3063 [0.4374]	19.1718 [0.4459]	24.3371 [0.1835]	22.8556 [0.2438]	25.1116 [0.1569]	18.7495 [0.4730]

注：表中圆括号内为 Z 统计值，方括号内为 p 值；***、**、* 分别代表 1%、5%、10%的显著性水平；所有回归模型为 twostep。

从实证结果看，生产性服务业五个细分行业集聚均能显著促进制造业竞争力的提升，其中科学研究、技术服务和地质勘查集聚对制造业竞争力作用最大，而信息传输、计算机服务和软件业集聚，租赁和商务服务业集聚的作用较小；制造业集聚对制造业竞争力的影响依然较大，远大于生产性服务业细分行业集聚的影响。在劳动密集型制造业中，金融业集聚对其效率促进作用最大，而信息传输、计算机服务和软件业集聚对制造业竞争力的作用不显著，这里制造业集聚的作用不显著。在资本密集型制造业中，交通运输、仓储和邮政业集聚对其效率作用最大，而租赁和商务服务业集聚的作用较小，科学研究、技术服务和地质勘查集聚的作用不显著。在技术密集型制造业中，科学研究、技术服务和地质勘查集聚对其效率影响最大，信息传输、计算机服务和软件业集聚的作用最小，制造业集聚的作用较大。

（三）生产性服务业集聚边界溢出效应判断

从理论上，由于生产性服务业具有知识密集性和流动性的特征，特别是随着信息技术的发展，在一定地理距离内，地理距离越近，生产性服务业与制造业的交流成本越低，并且容易建立较好的信任关系，这样生产性服务业集聚对制造业竞争力的影响应该存在一定的溢出效应，并且这种溢出效应将随空间距离的增加而减少。顾乃华（2011）认为，我国城市生产性服务业集聚对工业溢出效应存在一定的区域边界，而省级生产性服务业集聚对工业全要素生产率的作用不显著。宣烨（2012）基于2003—2009年247个城市的数据进行实证分析，认为生产性服务业空间集聚将促进本地区制造业竞争力的提升，而且存在空间溢出效应，即能提升周边地区的制造业竞争力。实际上，影响生产性服务业集聚溢出效应的因素较多，需进一步分析生产性服务业集聚对不同类型的制造业溢出效应的影响。

根据Cantwell and Piscitello（2005）、Chen（2009）等的研究，产业集聚效应存在较强的跨地区作用，并且相邻地区之间的产业集聚效应更为明显。对于相邻地区，传统文献一般采用地理距离远近来分析，这种方法从空间角度具有一定的合理性。从实际来看，产品、服务和要素在跨地区流动时往往需要承担一定的成本。对于地区间距离多少比较合适，不同学者选取不同的距离进行分析，这就会造成不同的结果。这里考虑到我国土地面积和流动成本，省际的联系更多的是基于相邻省份之间进行的，因此，本书借鉴Chen（2009）的做法，采用地理相邻定义相邻省份，这样，计算相邻地区生产性服务业集聚区位熵的公式为：

$$naggl = \left(\frac{ne_{ips}}{\sum_i e_{ips}} \right) \bigg/ \left(\frac{\sum_r ne_i}{\sum_i \sum_r e_i} \right)$$

这里，ne_{ips}为与i地区地理位置相邻地区的生产性服务业就业人数。

对于相邻地区生产性服务业集聚对本地区整体制造业以及三种类型制造业竞争力的影响，这里同样使用系统GMM估计，具体结果见表5.3。从计量结果看，相邻地区生产性服务业集聚能够提升本地区整体制造业竞争力，即生产性服务业集聚存在溢出效应，并且溢出效应较大。从制造业分行业来看，相邻地区生产性服务业集聚能显著促进本地区劳动密集型和技术密集型制造业竞争力提升，但对本地区资本密集型制造业竞争力促进作用不显著，且本地生产性服务业集聚对劳动密集型和资本密集型制造业竞争力的效应高于相邻地区生产性服务业集聚的效应，而对于技术密集型制造业竞争力的影响则刚好相反。

表 5.3 相邻地区生产性服务业集聚与制造业竞争力实证结果

解释变量	被解释变量：制造业竞争力			
	整体制造业	劳动密集型行业	资本密集型行业	技术密集型行业
in $psaggl$	0.2296*** （2.61）	0.4911*** （4.72）	0.2224** （2.07）	0.1321** （2.43）
in $psnaggl$	0.1773* （1.84）	0.4689*** （3.59）	0.1967 （1.22）	0.1472*** （5.86）
in afn	0.0656*** （4.86）	0.0562*** （2.79）	0.1224** （1.98）	0.0109** （2.35）
in sw	0.0938*** （2.73）	0.0726*** （3.58）	0.3866*** （7.31）	0.3729*** （6.32）
in gc	0.0488 （1.12）	0.1448*** （4.52）	0.2479*** （4.45）	0.1321 （0.42）
in $fdir$	0.0476*** （4.98）	0.0197*** （3.77）	0.1171*** （5.65）	0.0702 （5.08）
cons	-0.1602 （-0.94）	0.3861*** （3.93）	2.6918*** （11.78）	-1.996*** （-9.33）
Abond test for AR（1）	-2.8098 [0.0050]	-2.9974 [0.0027]	-2.6435 [0.0106]	-2.6216 [0.0104]
Abond test for AR（2）	-0.6908 [0.4897]	0.0987 [0.9214]	0.4648 [0.6421]	-0.3316 [0.7402]
Sargan test	21.3375 [0.3180]	18.2015 [0.5090]	25.5623 [0.1429]	25.1554 [0.1559]

注：表中圆括号内为 Z 统计值，方括号内为 p 值；***、**、* 分别代表 1%、5%、10% 的显著性水平；所有回归模型为 twostep。

第五节 生产性服务业集聚对制造业竞争力外部性效应分析

前文分析认为，生产性服务业集聚能促进整体制造业竞争力的提升，但其作用大小低于制造业集聚的促进作用，为了更有效地提升生产性服务业集聚对制造业竞争力的作用，有必要对其外部性效应进行分析。目前对于产业集聚外部性效应，更多的学者都是围绕制造业或工业集聚外部性效应进行的,而对服务业集聚特别是生产性服务业集聚的外部性效应分析较少涉及,本书尝试运用 2004—2014 年我国 30 个省市(自治区)的样本数据分析生产性服务业集聚外部性效应。

国内外现有的研究认为,产业集聚效应主要表现在同一产业和不同产业间的集聚效应,在同一产业内集聚,即大量相同生产厂商集聚在同一地区,这将有利于技术和知识的交流和扩散,有效发挥技术和知识的溢出效应,促进厂商技术创新,促进产业劳动生产率提高,这种理论被称为 MAR 外部性理论;同时,Jacobs 外部性理论认为,产业集聚效应主要发生在不同产业间,一个地区产业多样化集聚能促进有效发挥产业集聚的技术和知识的溢出效应,有利于促进地区产业创新,从而提高产业劳动生产率。

目前,国内外学者针对如何衡量 MAR 外部性和 Jacobs 外部性构建不同的指标,这里使用生产性服务业专业化指数来衡量 MAR 外部性,生产性服务业多样性指数来衡量 Jacobs 外部性:

(1)生产性服务业专业化指数(MAR 外部性):这里借鉴 Ezcurra、Pascual and Rapùn(2006)、韩峰等(2011)的方法,生产性服务业专业化指数计算公式为:

$$MAR_{ij} = \sum_{j} \left| \frac{e_{ij}}{e_{ips}} - \frac{e_{j}}{e_{ps}} \right|$$

这里,e_{ij} 为 i 地区 j 产业的就业人数,e_{j} 为所有 j 产业的就业人数,e_{ips} 为 i 地区生产性服务业的就业人数,e_{ps} 为所有生产性服务业的就业人数。

(2)生产性服务业多样性指数(Jacobs 外部性):这里借鉴 Glasser et al.(1992)、韩峰等(2011)的测度方法,使用 HHI 指数的倒数来衡量产业多样性,并考虑各细分行业的就业比重,计算公式为:

$$Jacobs_{ij} = \sum_{j} \frac{e_{ij}}{e_{i}} \left[\frac{1/\sum_{k \neq j}^{n} e_{ik}/(e_{ips} - e_{ij})^2}{1/\sum_{k \neq j}^{n} e_{k}/(e_{ps} - e_{j})^2} \right]$$

产业多样性指数越高,说明在本地区内其他产业的分散程度越大,地区内融合的差异化知识越丰富。当生产性服务业各细分行业的就业比例相同时,则多样性指数为最大值。

基于以上分析,本书将计量模型设定为:

$$\ln me_{it} = \gamma_0 + \gamma_1 \ln MAR_{it} + \gamma_2 Jacobs_{it} + \gamma_n \ln X^n_{it} + \varepsilon_{it}$$

这里,采用系统广义矩估计方法,在模型中依次加入 MAR 外部性和 Jacobs 外部性效应,具体结果见表5.4中的模型(1)—(3),然后分析它们对劳动密集型行业、资本密集型行业、技术密集型行业效率的影响,具体结果见表5.4中的模型(4)—(6)。

从实证结果看,生产性服务业集聚具有 MAR 外部性效应,生产性服务业专业化指数提高1%,制造业竞争力将提升0.0467%,这表明生产性服务业专业化集聚能有效提升制造业竞争力,同一生产性服务业细分行业内集聚将有效促进企业间的知识溢出效应,从而促进制造业竞争力提升。但是,回归结果显示 Jacobs 外部性效应为负,生产性服务业多样化指数每提高1%,制造业竞争力却下降0.8627%,这说明生产性服务业的多样化阻碍了技术外溢,从而导致制造业竞争力的下降。在三类制造业中,生产性服务业集聚的 MAR 外部性对资本密集型制造业竞争力影响最大,对劳动密集型制造业竞争力影响最小;而生产性服务业集聚的 Jacobs 外部性对资本密集型制造业竞争力的负作用最大,对技术密集型制造业竞争力的负作用最小。

表5.4 生产性服务业集聚外部性效应实证结果

解释变量	被解释变量:制造业竞争力					
	整体制造业			劳动密集型行业	资本密集型行业	技术密集型行业
	模型(1)	模型(2)	模型(3)	模型(4)	模型(5)	模型(6)
in MAR	0.0371* (1.80)		0.0467** (2.27)	0.0596*** (3.11)	0.0957** (2.04)	0.0213** (2.02)

（续表）

解释变量	被解释变量：制造业竞争力					
	整体制造业			劳动密集型行业	资本密集型行业	技术密集型行业
	模型（1）	模型（2）	模型（3）	模型（4）	模型（5）	模型（6）
in Jacobs		-0.6501*** (-4.95)	-0.8627*** (-6.13)	-0.6271*** (-4.78)	-0.8241** (3.31)	-0.4570*** (3.29)
in afn	0.0394** (2.33)	0.0593*** (3.07)	0.0656*** (3.09)	0.0529*** (3.76)	0.1366** (2.39)	0.0408* (1.65)
in sw	0.0879*** (2.60)	0.1207*** (3.46)	0.1354*** (4.00)	0.1003*** (4.27)	0.3589*** (8.28)	0.4357*** (9.71)
in gc	0.0249 (0.56)	0.1257 (0.32)	0.0259 (0.68)	0.2041*** (4.61)	0.2633*** (4.68)	0.1308 (6.09)
in fdir	0.04266*** (6.29)	0.0516*** (7.78)	0.0562*** (8.71)	0.1005*** (4.90)	0.1158*** (5.65)	0.0435*** (3.06)
cons	-0.2405* (-1.68)	-0.3979** (-2.50)	-0.5232** (-3.43)	0.5606*** (3.80)	2.3798*** (9.86)	-2.1558*** (10..26)
Abond test for AR（1）	-2.9640 [0.0030]	-2.5446 [0.0109]	-2.5073 [0.0122]	-3.2276 [0.0012]	-2.5808 [0.0110]	-2.2451 [0.0021]
Abond test for AR（2）	-0.7243 [0.4689]	-0.4425 [0.9661]	-0.2051 [0.8375]	0.3835 [0.7014]	0.4661 [0.6411]	-0.4392 [0.6605]
Sargan test	22.8431 [0.2443]	20.7692 [0.3497]	20.6734 [0.3551]	21.9555 [0.2865]	22.6711 [0.2521]	24.3441 [0.1833]

注：表中圆括号内为 Z 统计值，方括号内为 p 值；***、**、* 分别代表 1%、5%、10%的显著性水平；所有回归模型为 twostep。

第六节 本章小结

本书运用 2004—2014 年我国 30 个省市（自治区）的样本数据，利用系统广义矩估计方法，分析生产性服务业集聚对制造业竞争力的影响。实证结果表明：

（1）生产性服务业集聚能显著地促进制造业竞争力的提升，但其促进作用小于制造业集聚的作用。同时,生产性服务业集聚对劳动密集型、资本密集型和技术密集型制造业竞争力均有促进作用,并且对技术和知识含量越高的制造业竞争力促进作用越大。

(2)生产性服务业五个细分行业集聚均对制造业竞争力提升有显著的促进作用,其中科学研究、技术服务和地质勘查集聚对制造业竞争力作用最大,而信息传输、计算机服务以及软件业集聚、租赁和商务服务业集聚的作用最小。在三类制造业中,金融业集聚对劳动密集型制造业竞争力促进作用最大,交通运输、仓储和邮政业集聚对资本密集型制造业竞争力作用最大,而租赁和商务服务业集聚的作用较小;科学研究、技术服务和地质勘查集聚对技术密集型制造业竞争力影响最大;制造业集聚对资本和技术密集型制造业竞争力有显著影响,而对劳动密集型制造业竞争力影响不明显。

(3)相邻地区生产性服务业集聚能有效提升本地区整体制造业竞争力,这说明生产性服务业集聚存在溢出效应。从三类制造业来看,相邻地区生产性服务业集聚能显著提升本地区劳动密集型和技术密集型制造业竞争力,而对资本密集型制造业竞争力作用不显著。

(4)生产性服务业的专业化集聚将会促进制造业竞争力的提升,这说明生产性服务业 MAR 外部性效应显著,同一生产性服务业细分行业内集聚将有效促进企业间的知识溢出,从而促进制造业竞争力提升。但是,生产性服务业集聚的 Jacobs 外部性效应为负,这说明生产性服务业多样化集聚将导致制造业竞争力降低,阻碍了技术外溢,从而导致制造业竞争力的下降。

第六章 中国生产性服务业水平发展影响因素分析

第一节 问题的提出

目前，国内研究生产性服务业水平发展的文献较多，主要集中在对我国生产性服务业发展水平的分析，国内部分学者从不同的角度分析我国生产性服务业发展的瓶颈和落后的原因，例如，吕政、刘勇、王钦（2006），程大中（2008）。但是对我国生产性服务业水平发展的影响因素分析较少，目前主要有韩德超和张建华（2008），庄树坤、刘辉煌、张冲（2009），祝新、叶芃、夏庆利（2012），马卫红（2012），胡国平等（2012）进行过相关分析。韩德超、张建华（2008）利用1997—2006年省级面板数据，分析我国转型时期东、中和西部生产性服务业水平发展的影响，结果表明专业化程度加深、效率提高、非国有产权比重增加与生产性服务业水平发展呈显著正相关，高新技术产业发展对现阶段生产性服务业水平发展具有抑制作用，工业化进程对各地区生产性服务业水平发展影响微弱。庄树坤、刘辉煌、张冲（2009）利用1978—2007年数据，对我国生产性服务业水平发展的主要因素进行分析，认为金融发展和政策因素对我国生产性服务业水平发展具有较强促进作用，经济发展水平和分工水平具有较小正向作用，而城市化进程对生产性服务业水平发展具有负效应。肖文樊、文静（2011）根据我国生产性服务业发展的实际情况，从需求规模和需求结构的角度分析我国生产性服务业水平发展的需求因素,认为以制造业为主的工业发展程度与生产性服务业水平发展正相关,而以制造业为主的工业企业规模与生产性服务业水平发展负相关;同时,加工贸易影响制造业对生产性服务业的有效需求,制造业的需求结构影响生产性服务业内部结构的优化。马祝新、叶苁、夏庆利(2012)运用我国30个省区1997—2009年的面板数据,从专业化分工、工业化程度、生产性服务业效率、工业企业集聚程度、商务经营环境、经济开放度等方面,实证分析我国生产性服务业水平发展的影响因素。卫红(2012)根据长三角地区生产性服务业的发展现状,从基础条件、中间需求、创新、制度和市场因素等方面,运用因子分析法,实证分析长江三角洲地区生产性服务业水平发展的影响因素。胡国平等(2012)利用15个副省级城市1999—2008年面板数据,分析市场需求、专业化、城市化、投资额度、经济发展水平、制度等因素对都市生产性服务业水平发展的影响,研究结果表明制度因素是生产性服务业外向发展的最主要因素,第二产业发展规模的影响不明显。另外,朱胜勇(2009)运用部分OECD国家的投入产出数据,分析发达国家生产性服务业水平发展的影响因素,结果认为制造业和服务业的中间需求、市场环境变迁、信息技术水平对生产性服务业水平发展影响作用较大。柯丽菲(2016)在新经济地理学理论框架下,以部分发达国家和发展中国家为样本,研究发现知识密集度、信息化水平、国家规模、外商直接投资与生产性服务业集聚存在正相关;政府规模与生产性服务业集聚存在负相关;在发达国家和发展中国家,各因素的影响程度存在差异。

这些研究从不同的角度对我国生产性服务业水平发展的因素进行分析,并为促进我国生产性服务业水平发展提出相应的政策建议,所得的研究结论不尽相同,取得一定的成果,但是也存在一定的不足,例如,对生产性服务业的外延统计口径的差异将导致研究结果出现偏差,对影响生产性服务业水平发展的因素缺乏一定的理论分析。本书将考虑在以往研究中被忽略的一个较为重要的因素——产业融合程度。产业融合是产业间关系最为有效和最为紧密的形式，从产业演变发展过程来看，生产性服务业与相关产业特别是制造业的融合将是产业间发展的最高形式。产业融合有利于改造提升传统产业，促进生产性服务业水平发展。因此，有必要考虑产业融合因素对我国生产性服务业水平发展的影响。本书将从影响生产性服务业水平发展的需求和供给角度，提出相应的理论假设，实证分析我国生产性服务业水平发展的影响因素。

第二节 理论假设

从国内外学者的相关研究和生产性服务业实际发展来看，影响生产性服务业水平发展的因素是多方面的，既有需求方面的因素，也有供给方面的因素。从需求的角度来看，目前市场对我国生产性服务业的需求较大，但是由于外部环境因素难以将潜在需求转化为有效需求，从而在一定程度上抑制了对生产性服务业水平发展的有效需求。抑制有效需求的真正的主要因素是专业化分工、工业化程度、生产性服务业服务效率。从供给的角度看，生产性服务业供给的扩大和优化是以一定社会经济发展为基础的。由于制度因素主要包括市场准入制度和政府干预程度等方面，从而成为影响生产性服务业供给的主要因素。科技创新是生产性服务业水平发展的主要动力，也是促进产业融合的主要因素之一。产业融合在一定程度上反映了生产性服务业的科技创新能力，这样，产业融合程度也成为影响生产性服务业供给的主要因素。因此，在一定程度上，生产性服务业的扩大主要是由制度因素决定的，而生产性服务业的优化由产业融合程度所决定。本书根据国内外的相关研究成果，结合我国的实际情况，对我国生产性服务业的影响因素从供给和需求两个方面进行分析，并提出相应的理论假设。

一、专业化分工

根据现有的许多研究,专业化分工将会影响生产性服务业水平发展。专业化分工主要表现在市场规模扩大和生产过程中的迂回生产两个方面（Young,1928）。市场规模的扩大,将会导致厂商数量的增加,分工将会更加细化。Markusen（1989）通过构建一个数理模型,证明生产规模和市场的扩大将不断细化分工,这样使得生产性服务业从制造业中分离出来,形成生产性服务业并不断促进其发展。同时,Francois（1990）认为,统一市场的形成和市场规模的扩大也在一定程度上促进生产性服务业水平发展。陈宪等（2004）运用新兴古典经济学理论,分析认为分工产生的收益高于分工产生的交易成本是生产性服务业水平发展的内在机制。迂回生产实质是不断深化和细化分工环节,不断将中间产品复杂化,从而逐渐延伸产业价值链。随着分工不断细化和深化,原有的价值链将产生分裂。厂商将一些内部职能不断外部化,逐渐形成分工更为专业的部门,最后发展形成一个新的产业。在这个过程中,生产性服务业从原产业价值链分离后,在服务过程中逐渐发挥"从干中学"效应,不断进行技术创新和提高服务专业水平,这样将逐渐降低服务成本和提高服务效率。随着制造业生产成本的降低,将导致制造企业逐步采用更加迂回的生产方式,逐渐提高生产过程中的服务投入比例,从而进一步促进生产性服务业水平发展。基于以上分析,本书提出：

假设1：专业化分工是影响生产性服务业水平发展的重要因素之一。专业化程度越高,越有利于促进生产性服务业的水平发展。

二、工业化程度

生产性服务业水平发展离不开工业尤其是制造业的发展。制造业发展是生产性服务业水平发展需求的基础。制造业的快速发展为生产性服务业水平发展提供条件,因此,生产性服务业水平发展将在较大程度上受制造业发展的影响。制造业与生产性服务业的相互作用日益加深,产业间依赖程度日益深化，正从共生互动发展向产业融合方向发展。由于生产性服务业具有知识密集性和异质性，劳动密集型制造业对传统生产性服务业需求较大，技术密集型制造业对现代生产性服务业需求较大。高技术产业发展将会促进研发服务、人力资源服务等现代生产性服务业水平发展，这样，不同的工业发展类型将会对生产性服务业的需求产生差异，进一步影响生产性服务业水平发展。生产性服务业作为中间投入品将为国民经济各产业提供服务，尤其是制造业。从发达国家的实际发展经验来看，生产性服务业在工业化时期投入工业的比例较高，工业化的推进将为生产性服务业水平发展提供广阔的市场需求。在我国工业化发展转型的时期，我国一半以上的生产性服务业都投入工业中（程大中，2008），因此，在工业化进程中，工业化程度越高，对生产性服务业需求越高，越能促进生产性服务业水平发展。基于以上分析，本书提出：

假设2：目前，我国处于产业转型时期，工业化程度越高，越有利于促进生产性服务业的水平发展。

三、生产性服务业服务效率

不同产业部门的发展取决于其效率的高低，生产性服务业水平发展也如此。一方面，从生产性服务业本身来看，随着生产性服务业效率的不断提高，意味着将逐渐降低交易成本和生产成本，从而增加利润，同时也将不断扩大积累，这将促进生产性服务业不断加大投入，增加生产性服务业的厂商数量。另一方面，从相关产业关联角度来看，生产性服务业效率的提高，将会降低下游产业的投入成本，从而提高下游产业的竞争力。从制造业的价值链来看，生产性服务业价值链将不断融入制造业价值链中，不断提高制造业效率，降低制造业生产成本，提升制造业价值链的附加值，从而提高制造业竞争力，促进制造业发展；而制造业的发展将会进一步提高对生产性服务业的需求，这样的一个"螺旋式上升"状态将不断提高生产性服务业的效率并促进其水平发展（顾乃华等，2006；江静等，2007）。基于此，本书提出：

假设3：生产性服务业服务效率越高，越有利于促进生产性服务业的水平发展。

四、产业融合程度

产业融合是由产业间竞争协作、技术创新和放松规制驱动的。产业融合作为产业发展内在规律的具体体现，对产业结构转换和升级起到一定的推动作用。产业融合不仅在产业边界处出现技术融合，而且也是各产业间产品和市场的融合。产业融合是通过企业间和产业间模仿扩散来实现的，在产业融合过程中，某些优势企业改变生产特性，提高技术水平，生产出功能更强的产品，从而获得更高的利润。此时，其他企业也模仿这些优势企业行为，逐渐达到技术融合，从而使得整个产业技术水平提高，提升产业价值创造力，促进产业结构优化。而生产性服务业作为生产过程中的中间投入品，主要提供金融保险、信息服务、技术创新服务等，直接作用于三大产业，尤其是制造业，通过与制造业融合，提升制造业的价值创造，促进制造业效率提高，①进而促进制造业发展，而制造业的发展将扩大对生产性服务业的需求，进一步促进生产性服务业水平发展。传统的纵向一体化模式下，企业内部完成产品的各个生产环节和配套服务，这就要求企业具有多种业务功能，从而容易导致生产性服务业企业内部化，内部化的结果是生产性服务市场规模狭小、专业化水平较低，导致企业较高的生产成本。而在产业发展和融合过程中，首先由于信息技术的运用改变了企业的生产组织方式，原本在企业内部的研发、运输仓储、会计信息、人力资本服务等生产性服务业业务，逐渐从企业内部分离出来，形成独立的生产性服务业。随着产业的竞争发展，

---

① 对于生产性服务业与制造业融合促进制造业效率（竞争力）提升将在第八章进行更为详细的理论分析。

对于产业间的协同作用提出更高的要求，这就对生产性服务业水平发展提出更高的要求，促使实现产业融合，以提升产业竞争力。生产性服务业通过产业融合作用，通过从干中学以及存在外部竞争，实现专业化服务，不断提高服务效率，从而降低生产成本，这又将进一步推动企业服务外包化，扩大生产性服务业的市场范围，增加对生产性服务业的需求，从而进一步促进生产性服务业水平发展。从交易费用经济学角度来看，随着社会分工的日益深化以及专业化程度的提高，制造业价值链分工将越来越细化，企业生产性服务环节的数量和规模不断扩大，这将会不断增加交易成本，抵消部分由于分工所带来的效率提高，因此需要专业的中介机构提供生产性服务以降低企业交易成本。生产性服务业通过产业融合实现范围经济和规模经济，从而降低企业交易成本，这将扩大市场对生产性服务业的需求，促进生产性服务业水平发展。基于此，本书提出：

假设4：生产性服务业产业融合程度越高，越有利于促进生产性服务业的水平发展。

五、制度因素

产业发展与制度因素密切相关，例如，更为宽松的经济政策更有利于促进产业分工，从而促进产业发展。产业组织理论认为，不同的产权因素也会导致不同的市场绩效。从现有的研究结论来看，在我国现行的以GDP为主的政府考核体系下，由于制造业的劳动生产率一般高于服务业，且制造业更容易计量，许多地方政府更为注重制造业的发展，往往通过税收优惠等扶持产业政策促进地方工业发展，促进地方GDP增长，提升地方经济能级，以此作为晋级的资本。一般来说，较大的政府规模具有较强的行政干预能力。而政府部门对于服务业则采取截然相反的态度，尤其是生产性服务业，由于很多生产性服务业如金融保险、科学研究、信息技术等行业涉及国民经济命脉，这些行业受到政府干预更为敏感，政府管制相对严厉，因此，相对于制造业发展，政府的行政干预一般是阻碍生产性服务业的发展。此外，许多政府行为本身就构成一种对生产性服务业的替代，将会对一个地区的生产性服务业水平发展起负面作用（陈建军等，2009）。顾乃华（2006）认为，国有制造业越高的地区，制造业进行生产性服务外包越为困难，生产性服务业难以发挥作用。因此，基于以上分析，本书提出：

假设 5：政府干预程度将是影响生产性服务业水平发展的重要因素。预期政府干预越少，越易促进生产性服务业水平发展。

第三节　计量模型、方法与数据

根据前面的理论分析，本书构建以下模型：

$$ps_{it} = \beta_0 + \beta_1 div_{it} + \beta_2 ind_{it} + \beta_3 eps_{it} + \beta_4 ic_{it} + \beta_5 gc_{it} + \beta_6 dm_{it} + \beta_7 open_{it} + \mu_{it}$$

各变量选择如下：

（1）生产性服务业发展水平（ps_{it}）。目前，许多学者选择不同的指标进行衡量，如增加值比重、就业比重、产业密度。本书选取生产性服务业增加值比重反映其发展水平，用来进行基准模型分析。在整体生产性服务业水平发展影响因素样本估计中，表示所有生产性服务业增加值的比重；在细分生产性服务业样本估计中，表示该细分行业增加值的比重。

（2）专业化分工（div_{it}）。这里用工业增加值占工业总产值比重来衡量，该指标越小，反映社会专业化分工程度越高。

（3）工业化程度（ind_{it}）。这里用第二产业增加值占 GDP 比重来衡量。

（4）生产性服务业服务效率（eps_{it}）。这里用地区生产性服务业增加值占 GDP 比重除以生产性服务业就业人数占总就业人数比重来衡量。在整体生产性服务业水平发展影响因素样本估计中，表示所有生产性服务业服务效率；在细分生产性服务业样本估计中，表示该细分行业服务效率。

（5）产业融合程度（ic_{it}）。对于产业融合程度的衡量，目前没有很好的指标。[①]生产性服务业与制造业都是以现代信息技术为主要支撑。制造业通过现代信息技术渗透扩散到生产性服务业中，改变制造业产品的技术路线，因此也将改变制造业的生产成本函数；同样，生产性服务业也将通过现代信息技术渗透到制造业中改变其生产成本函数，为生产性服务业的融合发展提供动力，因此，在一定程度上，产业融合程度与信息化水平呈高度相关。本书将以信息化技术水平的高低来衡量产业融合的程度。考虑到数据的可获得性，本书采用移动电话普及率来衡量。

（6）政府规模（gc_{it}）。这里用政府消费占最终消费比例来衡量政府对经济的干预程度。

另外，本书加入两个控制变量：

（1）制造业集中度（dm_{it}）。即该地区制造业就业人数占总就业人数比重除以同期全国制造业就业人数占总就业人数比重。

（2）对外开放程度（$open_{it}$）。即进出口贸易总额与 GDP 之比。进出口贸易总额根据各年度汇率中间价调整为人民币计价。

由于数据的可获得性，本书选取北京、广东、安徽、河南、湖南、江苏、内蒙古、山东、福建、山西、新疆、浙江、重庆、广西、海南、吉林、宁夏、青海、上海、天津共 20 个省市（自治区）2004—2014 年的数据。所有数据均来自历年的《中国统计年鉴》以及各省市统计年鉴。

[①] 对于衡量产业融合的指标，目前还不太成熟，主要有赫芬达尔——赫希曼指数、产业间专利相关系数等，这些指数所需要的专利数据一般难以获取；同时也有学者使用投入产出表进行计算，但是由于我国投入产出表编制为每 5 年一次，不适宜用来做面板分析。

第四节 实证结果与分析

本书从地区和行业层面分析我国生产性服务业水平发展的影响因素。首先,本书运用2004—2014年20个省市(自治区)样本数据进行估计,分析我国整体生产性服务业水平发展的影响因素,同时分别对东部和中西部进行实证分析,以比较东部和中西部地区生产性服务业水平发展的影响因素。其次,运用这24个省市(自治区)样本数据,分析生产性服务业细分行业发展的影响因素。最后,进行稳健性检验,即检验研究结论的准确性。

一、地区层面分析

本书运用2004—2014年全部20个省市(自治区)和东部、中西部面板数据分别进行固定效应和随机效应两种模型估计,并进行Hausman检验,以判断是选取固定效应模型还是随机效应模型。从检验结果看,在1%的显著性水平下均拒绝虚拟假设,因此,这里采用固定效应模型,具体估计结果见表6.1。从估计结果看,均高于0.92,且F值均在1%的水平下显著,说明模型拟合情况较好。

表6.1 按地区分生产性服务业水平发展影响因素实证分析结果

解释变量	被解释变量		
	全国	东部地区	中西部地区
专业化分工	-0.1837(0.064)	-0.6851(0.051)	-0.1025(0.034)
工业化程度	0.1786(0.000)	0.4675(0.000)	0.0687(0.254)
服务效率	0.1064(0.000)	0.1357(0.000)	0.0684(0.000)
产业融合程度	0.0354(0.009)	0.0387(0.008)	0.0185(0.023)
政府规模	0.0203(0.081)	0.0752(0.156)	0.0156(0.009)
制造业集中度	0.0034(0.074)	0.0043(0.051)	-0.0121(0.000)
对外开放程度	0.0011(0.756)	0.0154(0.009)	-0.0051(0.623)

（续表）

解释变量	被解释变量		
	全国	东部地区	中西部地区
cons	0.1274（0.000）	0.2037（0.000）	0.0954（0.003）
R^2	0.924	0.932	0.952
F值	86.21	51.23	63.31

注：括号内为 p 值。

从全国层面看，专业化分工深化、工业化程度加深、服务效率提升、产业融合程度提高、制造业集聚均促进我国生产性服务业水平发展，这与本书前面的理论分析基本一致。工业化程度对生产性服务业水平发展影响最大，说明目前我国工业对生产性服务业需求占主导地位。这里注意到政府规模与生产性服务业水平发展关系与本书理论分析不一致，实证结果表明政府规模越大，即政府干预程度越高，越能促进生产性服务业水平发展，与本书前面的理论假设刚好相反。本书尝试进行解释，一个可能的解释是政府规模与生产性服务业水平发展关系存在一个由正变负的过程，即存在门限效应，在生产性服务业发展初期，政府干预能在一定程度上保护本地生产性服务业水平发展，而当生产性服务业发展到一定程度时，政府干预则会阻碍生产性服务业的发展。本书从实证角度进行检验，利用除北京之外[①]的其他 19 个省市（自治区）面板数据进行分析，假设将生产性服务业比重加大，分别乘以 1、2、3、4 进行分析，结果显示当生产性服务业比重乘以 3 或 4，政府规模的系数将变成负数并在 5% 水平下显著，从而验证了本书的解释。因此，生产性服务业水平发展可能要越过一定的门限水平才和政府干预程度呈负相关，同时这也从一个侧面说明目前我国生产性服务业发展水平比较落后。对外开放程度与生产性服务业水平发展的相关性不显著，说明对外开放并没有促

---

① 由于北京生产性服务业所占比重较高（大于 34%），乘以 3 或 4 将大于 1。

进我国生产性服务业的发展，这可能与目前我国生产性服务业发展水平远落后于发达国家以及在国际市场竞争中处于弱势地位有关。

从区域层面看，东部和中西部生产性服务业水平发展影响因素存在一定的差异。专业化分工、工业化程度、服务效率、产业融合程度、制造业集中度、对外开放程度均对东部地区生产性服务业水平发展有影响；而专业化分工、服务效率、产业融合程度、政府规模、制造业集中度均对中西部地区生产性服务业水平发展有影响。专业化分工在东部地区比中西部地区对生产性服务业水平发展的作用更大。工业化程度对东部地区生产性服务业水平发展具有显著促进作用，而对中西部地区生产性服务业水平发展作用不显著，这说明在东部地区工业对生产性服务的需求占主导地位，大部分企业愿意将服务外包；而在中西部地区，企业对于服务外包的问题比较矛盾，一方面，为了提高企业的竞争力和降低成本，需要企业进行服务外包，另一方面，由于目前服务业市场体系不完善，企业将服务外包后在发展过程中容易受制于人。而生产性服务业服务效率东部地区高于中西部地区，这与吴晓云（2010）研究结论相同。这里感到困惑的是，政府规模对东部地区生产性服务业水平发展作用不显著，一种可能的解释是，生产性服务业发展水平在东部地区之间相差较大，有的地区生产性服务业发展水平已经进入与政府规模负相关的区域，而有的地区没有进入该区域。制造业集聚在东部地区有利于促进生产性服务业水平发展，而在中西部地区则阻碍了生产性服务业水平发展，这主要是因为在东部地区，工业化程度较高，各类产业集群发展成熟，城市群联系紧密，从而有利于生产性服务业在这些区域发展；而在中西部地区，现有的基础条件则无法吸引大批生产性服务企业，只能更多地通过远程服务外包，从而在一定程度上阻碍本地生产性服务企业的发展。对外开放程度对东部地区作用显著，而对中西部地区生产性服务业水平发展作用不明显，这可能是由于目前相对于东部地区，中西部地区生产性服务业发展水平比较落后，在国际市场竞争中处于更为弱势的地位。

二、细分行业层面分析

本书运用 2004—2014 年 20 个省市（自治区）面板数据分别进行固定效应和随机效应两种模型估计生产性服务业这五个细分行业发展影响因素，并进行 Hausman 检验，从检验结果看，本书宜采用固定效应模型，具体结果见表 6.2：

表 6.2 细分生产性服务业水平发展影响因素实证分析结果

解释变量	被解释变量				
	交通运输、仓储和邮政业	信息传输、计算机服务和软件业	金融业	租赁和商务服务业	科学研究、技术服务和地质勘查业
专业化分工	-0.0102（0.035）	-0.0152（0.061）	-0.0036（0.023）	0.0134（0.241）	-0.0094（0.268）
工业化程度	0.0512（0.000）	0.0603（0.000）	0.1201（0.000）	0.0246（0.016）	0.0201（0.009）
服务效率	0.0378（0.000）	0.0042（0.000）	0.0103（0.000）	0.0086（0.000）	0.0148（0.000）
产业融合程度	0.0022（0.523）	0.0031（0.022）	0.0314（0.000）	-0.0011（0.756）	0.0023（0.016）
政府规模	-0.0351（0.004）	0.0054（0.567）	0.0642（0.013）	0.0274（0.038）	0.0302（0.006）
制造业集中度	0.0054（0.000）	0.0005（0.478）	0.0036（0.041）	0.0024（0.000）	0.0009（0.121）
对外开放程度	-0.0041（0.486）	0.0041（0.012）	-0.0087（0.149）	0.0061（0.084）	-0.0004（0.758）
cons	0.0874（0.000）	0.0324（0.000）	0.4152（0.037）	0.0006（0.746）	0.0102（0.069）
R^2	0.957	0.961	0.906	0.941	0.972
F 值	61.74	62.57	36.27	54.93	68.24

注：括号内为 p 值。

从估计结果看，交通运输、仓储和邮政业与专业化分工、工业化程度、服务效率、政府规模、制造业集中度等因素相关，而与产业融合程度、对外开放程度相关性不显著。工业化程度对交通运输、仓储和邮政业发展影响较大，说明工业化的推进有利于促进交通运输、仓储和邮政业发展。值得注意的是，在这五个细分行业中，只有交通运输、仓储和邮政业与政府规模呈负相关，这与前文理论假设一致，说明交通运输、仓储和邮政业发展较好，已经越过其相关性由正变负的门限。信息传输、计算机服务和软件业与专业化分工、工业化程度、服务效率、产业融合程度、对外开放程度等因素相关，而与政府规模、制造业集中度相关性不显著。从计量结果看，工业化程度对信息传输、计算机服务和软件业发展影响最大，远远高于其他因素，说明工业对信息传输、计算机服务和软件业需求占主导地位。金融业与专业化分工、工业化程度、服务效率、产业融合程度、政府规模、制造业集中度等因素相关，而与对外开放程度相关性不显著。工业化对金融业的需求最大，说明工业对金融业的发展起到至关重要的作用；政府规模对于金融业发展影响也较大，并且系数为正，说明目前金融业的发展受到政府保护较明显，同时发展水平也较低。租赁和商业服务业与工业化程度、服务效率、政府规模、制造业集中度、对外开放程度等因素相关，而与专业化分工、产业融合程度相关性不显著。工业化程度、政府规模是影响租赁和商业服务业发展的两个主要因素，说明工业发展对于租赁和商业服务业起到重要促进作用，但是目前受政府干预较大。科学研究、技术服务和地质勘查业与工业化程度、服务效率、产业融合程度、政府规模相关，而与专业化分工、制造业集中度、对外开放水平相关性不显著。政府规模与科学研究、技术服务和地质勘查业相关性为正且系数最大，说明目前政府对科学研究、技术服务和地质勘查业保护较明显，这在一定程度上说明科学研究、技术服务和地质勘查业发展处于较低水平。

三、稳健性检验

前文从地区和细分行业层面讨论了我国生产性服务业水平发展的影响因素，并得出相关结论。本书将进行稳健性检验以进一步判断这些结论的准确性，也从地区和行业层面对我国生产性服务业水平发展的影响因素进行讨论，主要从生产性服务业水平发展的衡量方式和模型的估计方法两个方面展开。

（一）地区层面

前面的分析以生产性服务业增加值比重来衡量，这里考虑用生产性服务业就业比重来衡量，替代生产性服务业增加值来检验结果的稳健性。本书分别估计固定效应和随机效应两种模型并进行 Hausman 检验，结果显示宜采用固定效应模型，具体结果见表 6.3。

从计量结果看，通过将表 6.3 与表 6.1 的相关结果进行对比，发现模型的解释变量在符号上保持一致，而解释变量的系数和显著性并没有发生实质性改变，这说明本书使用生产性服务业就业比重作为生产性服务业发展水平的替代变量时，分析生产性服务业水平发展的影响因素与之前的结论是一致的，说明估计结果是稳健的。

表 6.3　地区层面生产性服务业水平发展影响因素的稳健性检验（1）

解释变量	被解释变量		
	全国	东部地区	中西部地区
专业化分工	-0.0301（0.027）	-0.0204（0.042）	-0.0381（0.012）
工业化程度	0.1425（0.000）	0.3276（0.000）	0.0674（0.043）
服务效率	0.0452（0.000）	0.0602（0.000）	0.0214（0.012）
产业融合程度	0.0206（0.247）	0.0052（0.073）	0.0146（0.203）
政府规模	0.0621（0.064）	0.1742（0.548）	0.0487（0.003）
制造业集中度	0.0007（0.045）	0.0017（0.064）	-0.0124（0.000）

（续表）

解释变量	被解释变量		
	全国	东部地区	中西部地区
对外开放程度	0.0032（0.812）	0.0124（0.425）	-0.0103（0.642）
cons	0.2476（0.000）	0.3245（0.000）	0.1876（0.000）
R^2	0.937	0.941	0.932
F 值	53.46	23.78	48.57

注：括号内为 p 值。

同时，本书对模型采用不同的估计方法进行检验，在估计过程中，存在难以控制模型的内生性问题，为了解决这一问题，本书采用系统广义矩估计方法进行估计。同样，为避免模型内生性问题引起回归系数的偏误，这里采用 AR 和 Sargan 检验模型设定和工具变量选取的合理性和有效性，如果通过这两类检验，则说明模型设定正确并且估计也是合理的（陈强，2010）。这里，对我国生产性服务业水平发展影响因素进行系统广义矩估计，具体结果见表6.4：

表 6.4 地区层面生产性服务业水平发展影响因素的稳健性检验（2）

解释变量	被解释变量		
	全国	东部地区	中西部地区
专业化分工	-0.0432（0.061）	-0.0751（0.032）	-0.1427（0.027）
工业化程度	0.1754（0.042）	0.1842（0.011）	0.1305（0.142）
服务效率	0.0802（0.063）	0.0641（0.000）	0.1087（0.000）
产业融合程度	0.0364（0.031）	0.0106（0.043）	0.0008（0.068）
政府规模	0.1308（0.028）	0.0187（0.651）	0.2214（0.031）
制造业集中度	0.0045（0.052）	0.0032（0.026）	-0.0076（0.037）
对外开放程度	0.0063（0.712）	0.0142（0.003）	-0.0415（0.621）
cons	0.1254（0.045）	0.1254（0.023）	0.1462（0.011）

（续表）

解释变量	被解释变量		
	全国	东部地区	中西部地区
Abond test for AR（1）（p 值）	0.0165	0.0395	0.0086
Abond test for AR（2）（p 值）	0.6542	0.4867	0.5783
Sargan test（p 值）	0.8024	0.9362	0.8546

注：括号内为 p 值。

从计量结果看，均通过 AR 检验和 Sargan 检验，这说明模型设定是正确且估计是合理的。将表 6.4 与表 6.1 和表 6.2 的相关结果进行对比，可以发现解释变量的符号并没有发生改变，只是解释变量的系数和显著性有所改变，这说明之前对生产性服务业水平发展影响因素的研究结论是稳健的。

（二）细分行业层面

与地区层面的稳健性检验一样，本书将细分行业层面的稳健性检验也从生产性服务业发展水平的衡量方式和模型的估计方法两个方面展开。

本书同样用生产性服务业就业比重替代生产性服务业增加值来检验结果的稳健性。这里分别进行固定效应和随机效应两种模型估计，并进行 Hausman 检验，结果显示也适用于固定效应模型，具体估计结果见表 6.5。从计量结果看，对比表 6.5 与表 6.2 的相关结果，可以看出，模型的解释变量符号没有发生改变，也只是在解释变量的系数和显著性上有所改变，这说明本书使用细分行业生产性服务业就业比重作为细分行业生产性服务业发展水平的替代变量时，细分生产性服务业水平发展的影响因素与之前的研究结论相同，说明模型估计结果同样是稳健的。

对于模型的估计方法的替换,这里同样采用系统广义矩估计方法,具体估计结果见表6.6。从计量结果来看,均通过 AR 检验和 Sargan 检验,结果表明模型设定是正确且估计是合理的。将表6.6与表6.2和表6.5的相关结果进行对比,发现解释变量的符号并没有发生改变,也只是在解释变量的系数和显著性上有所改变,这说明之前关于细分生产性服务业水平发展影响的研究结论是稳健的。

表 6.5 细分生产性服务业水平发展影响因素的稳健性检验(1)

解释变量	被解释变量				
	交通运输、仓储和邮政业	信息传输、计算机服务和软件业	金融业	租赁和商务服务业	科学研究、技术服务和地质勘查业
专业化分工	-0.0203 (0.056)	-0.0012 (0.072)	-0.0223 (0.012)	0.01534 (0.256)	-0.0241 (0.023)
工业化程度	0.0305 (0.024)	0.0332 (0.000)	0.0075 (0.061)	0.0214 (0.037)	0.0211 (0.042)
服务效率	0.0152 (0.000)	0.0045 (0.000)	0.0004 (0.021)	0.0754 (0.000)	0.0061 (0.008)
产业融合程度	0.00639 (0.276)	0.00109 (0.092)	0.00541 (0.043)	-0.00464 (0.388)	0.00253 (0.046)
政府规模	-0.0198 (0.122)	0.0402 (0.527)	0.0328 (0.001)	0.0306 (0.026)	0.0038 (0.056)
制造业集中度	0.0052 (0.000)	0.0006 (0.328)	0.0018 (0.000)	0.0032 (0.000)	0.0003 (0.426)
对外开放程度	-0.0021 (0.523)	0.0017 (0.008)	-0.0061 (0.007)	0.0152 (0.000)	-0.0091 (0.112)
cons	0.1258 (0.000)	0.02954 (0.000)	0.0204 (0.000)	0.0063 (0.254)	0.0358 (0.000)
	0.916	0.876	0.926	0.937	0.954
F 值	32.87	24.68	33.74	38.63	58.96

注:括号内为 p 值。

表 6.6　细分生产性服务业水平发展影响因素的稳健性检验（2）

解释变量	被解释变量				
	交通运输、仓储和邮政业	信息传输、计算机服务和软件业	金融业	租赁和商务服务业	科学研究、技术服务和地质勘查业
专业化分工	-0.0732（0.002）	-0.0214（0.016）	-0.0211（0.031）	0.0042（0.724）	-0.0134（0.174）
工业化程度	0.0174（0.032）	0.0286（0.003）	0.1374（0.000）	0.0411（0.000）	0.0042（0.037）
服务效率	0.0257（0.000）	0.0036（0.000）	0.0102（0.002）	0.0112（0.000）	0.0131（0.000）
产业融合程度	0.0187（0.109）	0.0081（0.016）	0.0301（0.046）	-0.0134（0.137）	0.0015（0.068）
政府规模	-0.0021（0.074）	0.0201（0.278）	0.0093（0.091）	0.0061（0.047）	0.0201（0.042）
制造业集中度	0.0064（0.011）	0.0012（0.358）	0.0027（0.021）	0.00007（0.036）	0.0011（0.124）
对外开放程度	-0.0115（0.386）	0.0023（0.031）	-0.0008（0.721）	0.0042（0.031）	-0.0024（0.107）
cons	0.0312（0.009）	0.0121（0.042）	0.0521（0.034）	0.0086（0.103）	0.0024（0.725）
Abond test for AR（1）（p 值）	0.0274	0.0317	0.0415	0.0064	0.0134
Abond test for AR（2）（p 值）	0.3421	0.6274	0.1574	0.3016	0.4358
Sargan test（p 值）	0.7125	0.7851	0.8759	0.6981	0.8247

注：括号内为 p 值。

第五节 本章小结

本书运用2004—2014年我国20个省市（自治区）面板数据，利用专业化分工、工业化程度、服务效率、产业融合程度、政府规模、制造业集中度、对外开放程度等指标从地区和行业层面实证分析我国生产性服务业水平发展影响因素。从实证结果可以得出以下结论与启示：

（1）工业化程度对我国整体生产性服务业水平发展影响最大，并且在五个细分行业中除科学研究、技术服务和地质勘查业外，工业化也是最为重要的影响因素之一，这说明工业对生产性服务业需求占主导地位。因此，应以现有的工业化为基础，加快产业结构转型升级，带动生产性服务业水平发展，特别是科学研究、技术服务业的发展。

（2）无论是全国，还是东部、中西部以及五个细分行业中，生产性服务业服务效率均是影响生产性服务业水平发展的一个较为重要的因素，生产性服务业服务效率的提升将会有利于生产性服务业水平发展。从全国层面来看，生产性服务业服务效率提高1%，生产性服务业发展水平将提高0.1064%，而在东部地区，这一作用系数为0.1357%，远高于中西部地区。因此，应通过引入市场竞争等措施着力提高生产性服务业服务效率。

（3）目前，产业融合程度无论对全国，还是东部、中西部生产性服务业水平发展都具有促进作用，但作用较弱。从全国层面来看，产业融合程度提高1%，生产性服务业将提高0.0354%。在五个细分行业中，产业融合对信息传输、计算机服务和软件业，金融业，科学研究、技术服务和地址勘查业发展具有促进作用，而对交通运输、仓储和邮政业，租赁和商务服务业作用不显著。总的来看，这在一定程度上反映了我国生产性服务业融合程度较低，没能发挥产业融合应有的作用，因此，应提高信息化水平和科技创新能力，不断促进生产性服务业产业融合程度，从而促进生产性服务业水平发展。

（4）从全国层面来看，政府规模与生产性服务业水平发展呈正相关，细分行业中的金融业，租赁和商务服务业以及科学研究、技术服务和地质勘查业发展与政府规模也呈正相关，本书的解释是政府规模与生产性服务业水平发展关系存在一个由正变负的过程，这说明目前我国总体生产性服务业发展水平较低。虽然在短期内，政府干预会保护生产性服务业水平发展，但从长期来看，政府干预则会阻碍生产性服务业水平发展。因此，应加快生产性服务业市场化体制改革，放松政府规制，降低行业垄断，从而将生产性服务业发展水平带入新的发展阶段。

（5）无论是全国，还是东部、中西部，专业化分工深化都将促进我国生产性服务业水平发展。从细分行业来看，专业化分工深化将促进交通运输、仓储和邮政业，信息传输、计算机服务和软件业，金融业的发展，而对租赁和商务服务业，科学研究、技术服务和地址勘查业发展作用不显著。制造业集聚在全国层面和东部地区促进了生产性服务业水平发展，而在中西部地区则阻碍了生产性服务业水平发展。对外开放程度对东部地区作用显著，而对全国层面和中西部地区生产性服务业水平发展作用不明显。

（6）从区域层面看，东部和中西部生产性服务业水平发展影响因素存在一定的差异。在东部地区，重点应放在如何提高产业融合程度和减少政府干预；而中东部地区，则应加快推进工业化进程，改善基础设施条件，扩大对外开放程度以及放松政府规制，积极引入生产性服务企业。

第七章　中国生产性服务业集聚发展影响因素分析

第一节　问题的提出

自20世纪50年代以来,生产性服务业在制造领域的作用不断变迁,由管理功能(润滑剂作用)到促进功能(生产力作用)再到今天的战略功能(推进器作用),生产性服务业的发展得到了越来越多国家或地区的重视。制造业专业化分工也是决定一个国家或地区生产性服务业核心竞争力的重要因素,生产性服务业与制造业效率提高有着密切的关系(毕斗斗等,2015)。生产性服务业能够促进制造业发展已经得到普遍共识,虽然理论上认为,生产性服务业根源于制造业中间需求的分工深化、专业化生产的增长,以及制造业内部服务部门的外部化,生产性服务业围绕着制造业而发展。但随着信息技术、互联网技术的创新,生产性服务业与制造业的地理邻近性、"面对面"接触要求被削弱,生产性服务业的可交易性增强,生产性服务业也呈现出较为明显的空间聚集趋势,甚至有比制造业更为明显的集中趋势,因此有必要分析生产性服务业集聚的影响因素,特别是从空间经济角度,这对生产性服务业发展、把握对产业政策的制定与调整具有重要意义。生产性服务业集聚是产业集聚的重要类别,产业集聚的影响因素很早就被经济学家和地理学家所思考,Marshall(1890)认为产业集聚的影响因素主要有劳动力市场共享、中间产品投入和技术溢出,而以Krugman(1991)为代表的新经济地理学则认为产业集聚是规模报酬递增、运输成本和市场需求联合作用所引起的。

生产性服务业集聚是产业集聚的一种，是一系列生产性服务业企业和关联实体在特定地理空间形成的集中现象。生产性服务业虽受到的关注较少，但在空间上比制造业有更显著的集聚效应（盛丰，2014）。既有研究发现，从投入产出的角度来看，服务业的大部分产出都投入到了第二产业（程大忠，2008）。由于知识密集型制造业会对生产性服务业有较高的需求，制造业在区域内集聚到一定程度后，会扩大对生产性服务业的中间投入需求，从而带动该区域生产性服务业集聚（陈赤平和谷佳，2016），因此制造业的空间分布对服务业可能产生直接的影响。在对浙江的制造业进行分析后，发现个体制造企业通过服务平台战略，能在产业层面催化生产性服务业的集聚（吴义爽、徐梦舟，2011）。甄峰等（2001）对南京生产性服务业进行研究表明，生产性服务业具有空间关联性和集聚性，且制造业的空间分布会影响生产性服务业的空间分布和发展。如何刻画制造业集聚对生产性服务业集聚发展的推动作用还需要进一步研究论证（陈红霞等，2016）。

关于生产性服务业集聚影响因素的文献，国内学者更多地将知识密集度、信息化水平、城市化水平以及政府规模等视为影响生产性服务业集聚的因素。既有从定量的角度，也有从定性的视角，嵌入空间效应，利用探索性空间数据分析全国和省份的生产性服务业集聚现状。盛龙等（2013）研究认为，我国生产性服务业具有空间关联性和地区发展集聚性，呈现东部沿海为主体的中心—外围格局。吉亚辉、段荣荣（2014）利用垂直联系模型（CPVL模型），通过空间计量方法探讨生产性服务业与制造业协同集聚，发现生产性服务业与制造业具有协同集聚现象，生产性服务业集聚能够促进制造业集聚，制造业集聚亦能促进生产性服务业集聚，并且生产性服务业集聚具有空间关联效应。

这些研究从不同的角度对我国生产性服务业集聚因素进行分析，所得的研究结论不尽相同，取得一定的成果，并为促进我国生产性服务业集聚发展提出相应的政策建议。本书将从空间计量角度，利用2004—2014年我国省市（自治区）的面板数据，运用时间固定SDM模型进行估计，实证分析我国生产性服务业集聚发展的影响因素。

第二节 理论假设

从国内外对服务业以及生产性服务业的集聚的理论研究来看，影响生产性服务业的空间集聚的因素较多，不同的学者选择不同的因素进行分析。目前，结合前文分析的我国制造业和生产性服务业发展的实际情况，主要从制造业集聚、城市化水平、创新发展水平、政府规模和工业化水平等方面提出我国生产性服务业集聚影响的理论假设。

一、制造业集聚

无论从理论还是实际上看，生产性服务业与制造业之间都有着天然的产业联系。首先，生产性服务业从制造业中分离出来成为独立的产业部门；其次，制造业的发展是生产性服务业需求的基础，制造业为生产性服务业的发展提供了巨大的市场需求。因此，生产性服务业的发展会在较大程度上受制造业发展的影响。随着我国制造业和生产性服务业集聚发展，并且生产性服务业与制造业之间已经出现共同集聚且集聚水平逐渐上升（陈国亮、陈建军，2012），制造业集聚与生产性服务业集聚的相互作用日益加深，产业间的依赖程度日益深化，并向产业融合的方向发展。由于生产性服务业具有知识密集性和异质性，劳动技术密集型制造业对现代生产性服务业的需求较大，高技术产业集聚的发展会促进研发服务、人力资源服务等现代生产性服务业集聚的发展。这样，不同的制造业行业集聚发展会对生产性服务业的需求产生差异，这将进一步影响生产性服务业集聚发展。从产业互动的角度来看，Anderson（2004）认为，生产性服务业与制造业之间是"客户—供应商"关系，这样生产性服务业集聚与制造业集聚之间所具有的协同集聚效应决定了其在空间上的分布。这说明制造业集聚在为生产性服务业提供市场的同时，还促进了生产性服务业的集聚。基于此，提出以下假设：

假设1：制造业集聚程度越高，则生产性服务业集聚程度越高。

二、城市化水平

城市化为产业集聚提供基础设施及高素质人才等资源，引导产业在区域内集聚，城市规模的扩大增强了对产业集群扩张的承载力（唐德才等，2008）。邱灵等（2012）研究认为，基础设施作为城市发展硬条件、制度环境作为城市发展软条件、人力资源作为城市智力支撑要素、市场腹地作为城市空间作用强度对城市生产性服务业空间集聚产生重要影响。贺辉、王耀中（2015）研究发现，城市规模对本地生产性服务业集聚的正向影响显著。城市规模的扩大往往表现在城市化水平的提高上，即非农业人口占总人口的比重不断上升。城市化水平的不断提高不仅带来了大量的人口，还带了大量的人才，为生产性服务业集聚提供丰富的"人力资本池"。人口的集聚使得社会对生产和生活服务都产生了更高的需求，从而引致生产性服务业发展、服务业质量提升和集聚水平提高。同时，城市基础设施更加完善，金融、研发、中介、咨询等行业更加发达，集聚软环境逐步提升，对投资的吸引能力增强。对于对人力资本依赖性较高的生产性服务业，特别是信息传输、计算机服务和软件业等生产性服务业行业，都需要大量的高素质人才集聚，而城市化水平的提高则提供了这种可能。生产性服务业集聚具有技术创新及成本降低的作用，吸引外来资本、人才与技术流入，逐渐成为区域经济增长极，从而加快高端产业集聚，提高城市综合竞争优势，为区域经济发展提供强有力的保障。因此，城市化水平的提高对生产性服务业集聚有着显著的正向促进作用。据此，提出以下假设：

假设2：城市化水平越高，生产性服务业集聚程度越高。

三、工业化水平

在格鲁伯和沃克看来，生产性服务业实质上是在充当人力资本和知识资本的传送器，将这两种能大大提高最终产出的资本导入生产过程之中。薛立敏等（1993）认为，可以把生产性服务的提供者看做一个专家的集合体，这个集合体提供知识及技术，使生产迂回度增加，生产更加专业化、资本更为深化，并提高劳动和其他生产要素的生产力。生产性服务业作为中间投入品为国民经济各产业提供服务，尤其是工业。从发达国家的经验来看，生产性服务业在工业化时期投入工业的比例较高，工业化的推进为生产性服务业的发展提供了巨大的市场需求。从宏观经济增长角度入手，生产性服务业对工业的外溢效应有助于提高工业生产率，促进经济增长。工业生产率的提高加速了我国工业化进程，需要生产性服务业的专业化、精准化投入以支撑、维持和推进工业化的健康持续发展。而在我国工业化发展转型时期，有一半以上的生产性服务业都投入到工业中。因此，在工业化进程中，工业化程度越高，对生产性服务业的需求越大，就越能促进生产性服务业集聚发展。据此，提出以下假设：

假设3：工业化水平越高，生产性服务业集聚程度越高。

四、创新发展水平

创新通过新的生产要素与生产条件的结合，产生新的生产体系，这种生产体系主要包括产品创新、方法创新、市场创新、供应来源创新等方面（熊彼特，1912）。一般来说，一个地区创新能力越强，其新知识的生产与传播的质量与效率越高，对生产性服务业专业化水平提升的促进能力就越强，发展到一定阶段就能为外部企业和组织提供更为专业化的服务，专业化技术创新服务可以有效地提升制造企业的产品开发绩效（Alan，997）。同时，创新型企业通常从外部渠道获取所需的科学与技术资源（Rothwell，1992），吸引更多外部生产性服务业企业进驻，形成生产性服务业产业内集聚。随着区域内知识密集程度提高、创新能力增强，对外部技术服务的需求更高，更加容易获得各类创新资源，促进高技术服务业等高端生产性服务业集聚，同时也将促进传统生产性服务业转型升级，从而提高集聚水平。因此，提出以下假设：

假设4：创新能力的提升有利于生产性服务业集聚。

五、政府规模

由于生产性服务业集聚主要是企业之间的群体行为，政府主要通过各种政策措施对生产性服务业发展起着重要引导乃至主导作用。例如，政府采取开放性的政策，将有利于促进产业分工与专业化的形成，从而促进产业集聚。而政府如果采用保守甚至是抑制性的政策和行为，则将阻碍生产要素的自由流动，从而降低产业集聚水平。在目前我国的经济环境下，政府规模越大，则其干预经济的能力越强。考虑到生产性服务业多涉及国民经济重要行业，如金融业、科学研究、技术服务和地址勘察业等，政府对企业进入这些服务行业的限制较多。另外，由于政府干预过多，社会组织发展受限，使得很多生产性服务业职能被政府职能代替，从而抑制了生产性服务业的集聚。汪德华等（2007）研究认为，政府规模与其服务业比重呈现显著负相关。刘纯彬、杨仁发（2013）则认为，在生产性服务业发展初期，政府干预能在一定程度上保护本地生产性服务业发展，而当生产性服务业发展到一定程度时，政府干预则会阻碍生产性服务业的发展，这样，也可以认为政府规模大小对生产性服务业集聚发展也存在一个门槛问题，当生产性服务业集聚水平超过这个门槛时，政府规模将阻碍生产性服务业集聚。基于此，提出以下假设：

假设5：在一定程度下，政府规模的扩大，不利于制度环境的优化，抑制生产性服务业集聚水平的提升。

第三节 计量模型、变量与方法

一、计量模型设定

根据前面的理论分析,本书构建以下模型:

$$LnProse_{it} = \beta_0 + \beta_1 LnManu_{it} + \beta_2 City_{it} + \beta_3 Zhuanli_{it} + \beta_4 LnSeprodut_{it} + \beta_5 LnFiscalEx_{it} + \mu_{it} \quad (1)$$

其中,i、t为城市和年份,$LnProse_{it}$为生产性服务业在i区域t年的集聚程度,β_0为常数项,β_1、β_2、β_3、β_4、β_5为代估参数,μ_{it}为随机误差项。

二、变量选择

1. 被解释变量

生产性服务业集聚程度(PS)是关于产业集聚的度量,目前有不同的测算方法,如赫芬达指数(H)、空间基尼系数(GINI)、E-G指数(Ellision & Glaeser,1997)等。其中,赫芬达指数主要从企业角度去衡量,空间基尼系数主要从行业角度衡量,而E-G指数综合考虑了企业和行业两个维度。虽然采用E-G指数可以更深入地表征产业集聚,但由于企业层面数据较难获取,这里主要从行业发展角度出发,因此,采用区域生产性服务业的空间基尼系数衡量生产性服务业空间集聚程度。i地区j行业的空间基尼系数$G=\sum(S_{ij}-X_{ij})^2$,其中S_{ij}为i地区j行业就业人数占全国该行业就业人数的比重,X_{ij}为该地区总就业人数占全国总就业人数的比重,空间基尼系数的值介于0与1之间,值越大,表示该行业在地理上的集聚程度越高。

2. 解释变量

(1)制造业集聚(Manug):陈建军等(2011)认为,采用总产值衡量我国产业集聚存在被严重低估的可能。本书借鉴其衡量方法,用城市单位制造业从业人员与全国城市平均单位制造业从业人员的比重来衡量地区制造业集聚程度。

（2）城市化率（City）：目前，衡量城市化水平的指标主要有非农就业人口/总就业人口（杨林等，2014）和城镇人口/总人口（陆根尧、盛龙，2012；徐雷、郑理，2016）。相对而言，人口城镇化更符合目前我国城镇化发展水平。基于此，这里借鉴徐雷、郑理（2016）的做法，采用城镇人口/城市常住人口来衡量各地不同时期的城市化水平。

（3）工业化水平（Seprodut）：工业发展能够扩大生产规模，促进大量相关企业集聚发展，增加人口集聚程度，不断扩大城镇规模，是生产性服务业发展的支撑力量。用区域第二产业增加值/地方生产总值来表示区域二产发展水平。

（4）创新水平（Zhuanli）：知识创新是生产性服务业集聚发展的不竭驱动力，知识溢出也是生产性服务业集聚可持续发展的必要条件，这里采用各地区的专利授权量来衡量研发水平，具体用区域专利授权量来度量区域研发水平。

（5）政府规模（FiscalEx）：目前，大部分文献采用政府财政支出规模或强度作为政府干预指标。政府干预经济包括两种形式：一是政府履行其基本公共职能以解决外部性问题，包括教育、科技、基础设施投入等；二是政府对微观经济主体的渗透与干预，体现了经济行为的非市场力量。为此，这里采用政府地方公共财政支出占区域GDP的比值衡量政府政策。

（6）空间权重矩阵（W）：与空间相关性相关的重要指标是空间权重矩阵选择。在地理特征空间权重矩阵的选择上，本书采用邻接标准以及地理距离标准两种方法进行比较。在邻接标准上采用ROOK相邻规则，即如两个地区有共同的边界，W为1，否则为0。

$$W_1 = \begin{cases} 1 & i 与 j 有共同边界 \\ 0 & i 与 j 无共同边界 \end{cases} \tag{2}$$

由于数据的可获得性,本书选取北京、上海、天津、重庆、内蒙古、新疆、宁夏、广西、黑龙江、吉林、辽宁、河北、河南、山东、山西、湖南、湖北、安徽、江苏、浙江、福建、江西、广东、海南、贵州、云南、四川、陕西、青海、甘肃共21个省市(自治区)2004—2014年的数据。所有数据均来自历年的《中国统计年鉴》以及各省市统计年鉴。个别缺失数据以插值法补齐。

三、计量方法

本书采用空间面板模型进行估计分析,空间面板数据能同时反应时间和空间两个方向的变化规律,加入可反映空间相关性的空间权重矩阵,可以全面综合分析数据模型。因此,首先对生产性服务业进行空间自相关检验,其次考虑到解释变量的空间相关性选用空间杜宾模型进行检验,但是在估计过程中难以控制模型中的内生性问题,所以采用最大似然法(ML)进行处理,以增加模型估计效率。

第四节 实证分析

一、空间数据分析和空间模型设定

1. 空间自相关

空间自相关是研究空间中某位置的观察值与其相邻位置的观察值是否相关以及相关程度的一种空间数据分析方法,即空间自相关是检验某一要素的属性值是否显著地与其相邻空间点上的属性值相关联的重要指标,可以分为正相关和负相关。正相关表明某单元的属性值变化与其邻近空间单元具有相同变化趋势,负相关则相反。空间相关性对应空间集聚性,因此,本书通过研究各区域生产性服务业空间相关性来反映生产性服务业空间集聚性。本书采用全局 Moran's I 指数来检验安徽省生产性服务业集聚空间分布是否存在相关特征。其计算公式为:

$$\text{Moran's} = \frac{\sum_{i=1}^{n}\sum_{j=1}^{m}W_{ij}(Y_i-\bar{Y})(Y_j-\bar{Y})}{S^2\sum_{i=1}^{n}\sum_{j=1}^{m}W_{ij}} \tag{3}$$

$$S^2=\frac{1}{n}\sum_{i=1}^{n}(Y_i-\bar{Y}) \tag{4}$$

$$\bar{Y}=\frac{1}{n}\sum_{i=1}^{n}Y_i \tag{5}$$

其中，Y_i 和 Y_j 分别表示区域 i 和区域 j 生产性服务业集聚的观测值，Moran's 的取值范围为 [-1，1]，若该指数等于 0，表示目标区域空间分布相互独立；若该指数小于 0，表示目标区域存在空间负相关性；若该指数大于 0，表示目标区域存在空间正相关性，指数值越大表示空间集聚分布特征越明显。本书对 2004—2014 年全国生产性服务业集聚空间相关性进行 Moran's I 检验，具体结果如表 7-1 所示。结果发现，生产性服务业集聚存在正向空间自相关性，表明区域生产性服务业集聚在空间分布上具有明显的正向相关性。一个地区生产性服务业集聚活动并不是独立且处于完全的随机状态的，而是依赖或者受其他地区生产性服务业发展的影响。鉴于我国生产性服务业集聚空间相关性的客观存在，需要对生产性服务业集聚水平进行空间计量分析。

表 7.1 中国生产性服务业集聚的 Moran's I 及其显著性

指标	2004	2005	2006	2007	2008	2009	2010	2011	2012	2013	2014
Moran's I	0.161	0.13	0.153	0.274	0.196	0.290	0.184	0.182	0.062	0.168	0.147
E（I）	-0.036	-0.036	-0.036	-0.036	-0.036	-0.036	-0.036	-0.036	-0.036	-0.036	-0.036
P	0.040	0.076	0.051	0.004	0.023	0.003	0.028	0.032	0.203	0.043	0.059

资料来源：作者通过计算得到。

2. 空间面板模型设定

Anselin（1988）和 Elhorst（2003）在面板模型基础上引入空间滞后误差项、空间滞后因变量和空间滞后自变量，将空间相关性引进计量模型。Elhorst（2003）把空间面板数据模型分成四类：空间固定效应模型、空间随机效应模型、空间固定系数模型和空间随机系数模型，并给出每个模型的对数似然函数，还分析了 ML 估计量的渐进性质。

关于 SLM、SEM、SDM 三个空间计量模型的选择，与以往依据空间滞后和空间误差的四个 LM 检验的做法不同，根据 Elhorst（2014）的观点，由于模型估计肯定会存在偏误，应该先假定模型为 SDM 模型，再根据检验结果来确定最终的计量模型。本书选用空间杜宾模型分析生产性服务业影响因素，由于数据统计口径不同，为提高模型设定的精确性，以上变量都选用对数，模型设定如下：

$$LnProse_{it} = \beta_0 + \rho WLnProse_{it} + \beta_1 LnManu_{it} + \beta_2 City_{it} + \beta_3 zhuanli_{it} +$$
$$\beta_4 LnSeprodut_{it} + \beta_5 LnFiscalEx_{it} + \beta_6 WLnManu_{it} + \mu_{it} \qquad (6)$$

其中，i、t 为城市和年份，$LnPS_{it}$ 为生产性服务业在 i 城市 t 年的集聚程度；β_0 为常数项；β_1、β_2、β_3、β_4、β_5、β_6 为代估参数；W 为 n×n 阶的空间权重矩阵，表示 n 个位置的空间区域的邻近关系，一般用邻接标准或经济距离标准测度，本书选用邻接标准测度；μ 为随机误差项，其均值是 0，方差为 δ。为减少异方差影响，对以上数据均取自然对数处理。本书模型所采用的相关变量说明以及描述性统计具体见表 7.2：

表 7.2 相关变量说明

变量	指标	符号	定义	最大值	最小值	平均值	标准差
因变量	生产性服务业集聚水平	LnProSe	空间基尼系数	-2.8067	-13.3058	-8.2836	1.8008
自变量	制造业集聚	LnManu	地方制造业就业人数/全国制造业就业人数均值	1.7077	-3.1992	-0.4334	1.0350
	城镇水平	LnCity	城镇人口/常住人口	-0.1097	-5.6408	-0.7782	0.6066
	工业化水平	LnSeprodu	地方第二产业增加值/地方GDP	4.0775	-1.5460	-0.3116	1.3460
	创新水平	LnZhuanli	地方专利授权量	12.5060	4.2485	8.8697	1.5396
	政府规模	LnFiscalEx	地方公共财政支出占区域GDP的比值	-0.4908	-2.5361	-1.7014	0.3987

资料来源：作者通过计算得到。

二、面板模型的固定效应选择和分析

为了更好地刻画集聚效应，需要先确立模型的类型，即 OLS 模型、空间固定效应、时间固定效应、时间空间双固定效应。从 ρ 的高度显著可以发现，区域之间有强烈的集聚效应，可以确定模型应该为空间计量模型。其次，由于 Hausman 在 1% 的显著水平下拒绝原假设，可以确定模型为固定效应模型。最后根据拟合度和 LogL 可以确定面板模型为时间固定模型，具体结果见表 7.3：

表 7.3　中国生产性服务业空间集聚影响因素实证结果

变量	OLS	空间固定效应	时间固定效应	时空双固定效应
截距项	-9.5783**（-7.77）*			
lnManu	0.9687***（5.26）	0.9088***（4.79）	0.9842***（6.34）	0.9202***（4.89）
lnCity	0.2076*（1.69）	0.1227（1.64）	0.1941**（2.13）	0.0917（1.20）
lnZhuanli	0.2088**（2.43）	-0.083（-1.22）	0.3960***（3.83）	0.0345（0.23）
lnSeprodu	-0.1335**（-2.52）	-0.036（-1.58）	-3.192***（-8.96）	0.1378（0.31）
lnFiscalEx	0.0103（0.03）	0.2898（1.12）	0.1954（0.68）	0.2687（1.03）
w*lnManu		-0.6474*（-1.9）	-0.5439***（-3.91）	-0.3519（-0.99）
LogL		272.5021	424.2272	228.6638
R2	0.5252	0.5822	0.7714	0.6222
ρ		0.7065***（18.66）	0.1979***（2.62）	0.1692**（2.10）
sigma2_e		0.2792***（12.23）	0.8297***（12.58）	0.2444***（12.57）
是否控制年份	否	是	否	是
是否控制时间	否	否	是	是
样本数	319	319	319	319

注：***、**、*分别表示通过 1%、5%、10% 水平下的显著性检验。

根据表 7.3 的时间固定效应 SDM 面板模型回归结果进行分析，结果如下：

（1）制造业集聚对生产性服务业集聚的影响是正向的，并且在 1% 水平显著，表明制造业集聚与生产性服务业集聚之间存在显著正相关，制造业集聚能显著促进生产性服务业集聚，这与盛龙（2013）、吉亚辉

（2014）的研究结果一致。另外，WlnManu 的系数显著为负，这说明集聚效应对周围地区有负向的示范效应和溢出效应。究其原因，主要是省际竞争优于合作，存在贸易壁垒、行政壁垒，这样相对发达区域往往吸收周边区域人才、要素资源，对周围地区产生了负的外溢效应。

（2）城镇化率的估计系数显著为正，与理论假设一致。随着城市化水平的不断提高，城市涌入大量劳动力，城市规模扩大。一方面，社会对生产和生活服务都产生了更高的需求，从而促进生产性服务业集聚发展；另一方面，为生产性服务集聚提供丰富的"人力资本池"，对于对人力资本依赖性较高的生产性服务业产业集聚发展有着积极的提升作用。此外，城市化水平提高伴随着的是科技、信息技术行业的繁荣，整个区域的现代化高科技、知识密集型的企业会增多，在交易的方便程度上降低了企业提供产品和输出产品的成本，为生产性服务业集聚提供了便利条件。

（3）工业化水平的系数显著为负，说明第二产业的发展与生产性服务业集聚发展呈现显著的负相关关系。第二产业的发展对于生产性服务业的需求拉动作用要低于对生产性服务业的挤压效果，生产性服务业真正融入第二产业生产价值链的部分还较少。交通运输、邮政仓储等生产性服务业融入比重较大，而信息传输、计算机服务和软件业等高端生产性服务业与第二产业需求还尚不匹配，从而使得第二产业发展与生产性服务业集聚发展形成此消彼长的状态。另一方面，目前我国绝大多数工业处在产业链低端，属于劳动密集型产业，未能对生产性服务业尤其是其中的知识密集型服务行业产生较大的需求，因而，工业化对生产性服务业集聚发展的支撑作用没有得到充分的体现。

（4）创新发展水平的系数显著为正，说明创新能力对生产性服务业集聚有明显的促进作用，生产性服务业集聚对知识、创新要素具有依赖性。熊彼特在创新理论中指出，产业集聚有助于创新，创新也有助于产业集聚。一个城市的专利授权量代表一个城市的知识创新能力，主要集中于工业，特别是制造业领域。制造企业的技术创新推动外部生产性服务业的快速发展，特别是对知识产权保护机构、技术咨询与转移机构、孵化器、技术评估组织、第三方检测服务、咨询公司、风险投资、律师事务所等各类科技中介服务机构需求越来越大，从而有效地推动生产性服务业集聚发展。

（5）在时间固定 SDM 模型中政府政策的系数为正，但不显著，这说明地方政府采取的经济政策整体上是有效的，对生产性服务业集聚发展应起到促进作用。一个地区随着政府规模的扩大，地方政府往往会通过税收优惠政策来吸引外资，并扶持当地的优势产业，通过规划建立产业园区来促进产业的集聚。金融业，科学研究、技术服务和地质勘查业等生产性服务业，其收益受到政府政策实施的影响更大。但是在区域生产性服务业集聚持续健康发展中，对于政府的干预（使得政府服务职能代替了生产性服务企业职能）应逐渐淡化，大力构建开放的制度环境让市场自我调节分工与职能。

三、空间溢出效应分解

Lesage 和 Pace（2009）指出：采用空间回归模型进行实证研究时，采用多个空间回归模型的点估计方法来检验"是否存在空间溢出效应"，可能会得到错误的结论。当一个地区的某个解释变量发生变化，不仅会对自身地区的被解释变量产生影响（直接效应），也会对其他地区的被解释变量产生影响（间接效应），基于此，应该把空间溢出效应分为直接效应和间接效应。

对于 SDM 模型来说，被解释变量 Y 可以变形为：

$$Y=(1-\delta W)^{-1}(X\beta + WX\theta) + R \tag{7}$$

其中，R 是误差项和截距项的函数，则 Y 对第 K 个解释变量 X 在各地区 i（i=1, 2…N）的偏导数如公式（8）所示：

$$\begin{bmatrix} \frac{\partial E(Y)}{\partial X_{1K}} & \cdots & \frac{\partial E(Y)}{\partial X_{NK}} \end{bmatrix} = \begin{bmatrix} \frac{\partial E(y_1)}{\partial X_{1k}} & \cdots & \frac{\partial E(y_1)}{\partial X_{NK}} \\ \frac{\partial E(y_N)}{\partial X_{1K}} & \cdots & \frac{\partial E(y_N)}{\partial X_{NK}} \end{bmatrix}$$

$$=(I-\delta W)^{-1}\begin{bmatrix} \beta_k & w_{12}\theta_k & \cdots & w_{1N}\theta_k \\ w_{12}\theta_k & \beta_k & \cdots & w_{2N}\theta_k \\ \vdots & \vdots & \ddots & \vdots \\ w_{N1}\theta_k & w_{N2}\theta_k & & \beta_k \end{bmatrix} \quad (8)$$

其中，w_{ij}是空间权重矩阵 W 的第（i，j）个元素。直接效应是式（8）中偏导数矩阵的主对角线元素，即矩阵$(I-\delta W)^{-1}\beta k$；间接效应是式（8）中偏导数矩阵的非主对角线元素之和的平均值；偏导数本身就是总效应。

依据式（8）中空间溢出效应的直接效应、间接效应与总效应分解方法，时间固定效应 SDM 模型的溢出效应分解估计结果见表 7.4：

表 7.4 时间固定效应 SDM 模型的估计及其空间溢出效应分解

指标	SDM 时间效应	直接效应	间接效应	总效应
lnManu	0.9842***（6.34）	0.9630***（6.32）	-0.4200***（-3.01）	0.5430***（2.58）
lnCity	0.1941**（2.13）	0.1957**（2.15）	0.0472（1.55）	0.2429**（2.15）
lnZhuanli	0.3960***（3.83）	0.4045***（4.06）	0.1012*（1.94）	0.5057***（3.73）
lnSeprodu	-3.192***（-8.96）	-3.2336***（-8.99）	-0.8123**（-2.09）	-4.0459***（-6.26）
lnFiscalEx	0.1954（0.68）	0.2058（0.73）	0.0570（0.67）	0.2629（0.73）
w*lnManu	-0.5439***（-3.91）			
LogL	424.2272			
R2	0.7714			
ρ	0.1979***（2.62）			
sigma2_e	0.8297***（12.58）			
是否控制年份	否			
是否控制时间	是			
样本数	319	319	319	319

注：***、**、* 分别表示通过 1%、5%、10% 水平下的显著性检验。

从表 7.4 中可以看出，制造业集聚、城市化率的系数都显著为正。其中，制造业集聚的直接效应和总效应都为正，而间接效应为负，这说明地区制造业集聚增长 1%，会带动本地区生产性服务业集聚增长 0.963%，全部地区总增长 0.543%，但会使得周围地区的生产性服务业集聚降低 0.42%，制造业集聚存在邻近地区竞争的特点。另外，城市化水平对本地区以及周边地区的生产性服务业集聚都有正向的促进作用，这在一定程度上说明，城市化水平的提高会伴随着该区域生产性服务业的发展，同时城市中心的集聚附带的劳动力成本、租金等门槛的增加会使得地区生产性服务业对周围地区产生溢出效应。专利水平的系数显著为正，其中直接效应、间接效应和总效应都为正，说明区域创新能力的提升引起本区域的生产性服务业集聚上升，同时对周边区域的溢出效应显著。从间接效应为正可以发现，随着专利水平提高，会突破壁垒，提升周边区域的生产性服务业集聚。政府规模的直接效应、间接效应以及总效应都为正，但都不显著，这说明政府对区域生产性服务业集聚发展的影响不显著。

第五节 稳健性检验

本书采用经济权重表示空间权重矩阵，对集聚效应以及空间外溢分解效应进行估计，以求进一步的稳健性分析。经济权重（W1）是使用地区间人均 GDP 的差额作为测度地区间"经济距离"的指标，并引入经济空间权重 W1=W×E。其中，矩阵 E 的主对角线元素均为 0，而非主对角线的 (i, j) 元素为 $E_{ij} = \dfrac{1}{|\overline{Y}_i - \overline{Y}_j|}(i \neq j)$，$\overline{Y}_i$ 为地区 i 在样本期间的人均实际 GDP 平均值。估计结果具体见表 7.5、7.6：

表 7.5　集聚效应的面板模型

指标	OLS	空间固定效应	时间固定效应	时空双固定效应
截距项	-9.5783*** (-7.77)			
lnManu	0.9687*** (5.26)	0.9196*** (5.05)	0.7611*** (4.88)	0.8525*** (4.56)
lnCity	0.2076* (1.69)	0.1068 (1.38)	0.2696*** (2.92)	0.0896 (1.2)
lnZhuanli	0.2088** (2.43)	-0.0818 (-1.04)	0.4704*** (4.33)	0.0402 (0.27)
lnSeprodu	-0.1335** (-2.52)	-0.0329 (-1.4)	-2.8284*** (-7.94)	0.3085 (0.7)
lnFiscalEx	0.0103 (0.03)	0.2455 (0.94)	0.2764 (1.00)	0.3039 (1.19)
W × lnManu		-0.9491 (-1.3)	0.8148*** (2.75)	0.2023 (0.23)
LogL		263.9383	424.0618	225.9819
R2	0.5252	0.5703	0.7694	0.5698
ρ		0.8068*** (20.93)	0.7382*** (2.92)	0.7124** (3.08)
sigma2_e		0.2891*** (12.51)	0.8294*** (12.62)	0.2347*** (12.80)
是否控制年份	否	是	否	是
是否控制时间	否	否	是	是
样本数	319	319	319	319

注：***、**、* 分别表示通过 1%、5%、10% 水平下的显著性检验。

表 7.6 时间固定效应 SDM 模型的估计及其空间溢出效应分解

	SDM 时间效应	直接效应	间接效应	总效应
lnManu	0.7611*** (4.88)	0.7528*** (4.86)	0.1554 (1.19)	0.9082*** (5.57)
lnCity	0.2696*** (2.92)	0.2721*** (2.92)	-0.1145** (-2.29)	0.1576*** (2.78)
lnZhuanli	0.4704*** (4.33)	0.4798*** (4.55)	-0.2027*** (-2.94)	0.2771*** (4.37)
lnSeprodu	-2.8284*** (-7.94)	-2.8638*** (-8.19)	1.1889*** (4.24)	-1.6748*** (-4.71)
lnFiscalEx	0.2764 (1.00)	0.2855 (1.07)	-0.1180 (-1.02)	0.1675 (1.03)
W × lnManu	0.8148*** (2.75)			
LogL	424.0618			
R2	0.7694			
ρ	0.7382*** (2.92)			
sigma2_e	0.8294*** (12.62)			
是否控制年份	否			
是否控制时间	是			
样本数	319	319	319	319

注：***、**、* 分别表示通过 1%、5%、10% 水平下的显著性检验。

根据拟合度和 LogL 可以确定面板模型为时间固定模型，变量的系数符号和显著性没有发生实质性变化，与表 7.2、7.3 的结果基本一致。其中，制造业集聚外溢系数显著为正，与以空间权重为矩阵的实证结果符号相反，从表 7.6 空间溢出效应分解中可以发现间接效应系数为正，但不显著，说明制造业集聚对邻近区域的促进作用其实并不明显。城市化的间接效应系数显著为负，城市化水平的提高，必然会形成人口虹吸效应，形成人口资源的垄断，从而抑制邻近城市的城市化水平的提高，间接影响邻近城市生产性服务业集聚。专利水平的间接效应系数显著为负，这表明科技创新水平的提高意味着知识、技能水平的提高，知识密集型产品模仿程度的提高和购买成本的提高，增加了知识外溢的成本，进而形成了垄断，降低了邻近地区知识、技能的吸取，抑制了生产性服务业集聚发展。其余变量的系数和显著性与前文基本一致，说明本书研究结果可靠。

第六节 本章小结

本书结合我国生产性服务业集聚现状，提出影响我国生产性服务业集聚因素理解假设，利用2004—2014年我国省级面板数据，运用时间固定SDM模型进行估计。实证结果表明：

（1）我国生产性服务业集聚发展在空间上具有明显的依赖性，有着空间集聚的趋势。因此，引导我国生产性服务行业在地理上合理集聚是优化资源配置和提高经济发展水平的重要举措。不断加强环渤海、长三角集聚中心以及珠三角生产性服务业集聚中心的能力，根据城市地理位置和经济发展水平合理发展城市群，以期城市群之间承接彼此的外溢效应。

（2）制造业集聚对生产性服务业集聚的影响是正向的，并且在1%水平显著，表明制造业集聚与生产性服务业集聚之间存在显著正相关，制造业集聚能显著促进生产性服务业集聚。另外 W×lnManu 的系数显著为负，这说明集聚效应对周围地区有负向的示范效应和溢出效应。目前，东部发达地区面临劳动力、土地和资源的硬性约束，劳动密集型制造业仍然占有重要地位，中西部地区承接东部产业转移还没形成规模。因此，东部地区积极提升高端制造业集聚水平，大力发展生产性服务业，增加生产性服务业的市场需求，形成制造业—生产性服务业集聚产业园，实现生产性服务业集聚发展。

（3）城镇化率的估计系数显著为正，与理论假设一致。城市化率通过直接效应、间接效应对本地区、周围地区产生正向促进作用，并且对全部地区的总效应也是正向的。因此，应大力提高城镇化率，这对地区生产性服务业集聚提供劳动力和人力资本起到支撑作用，为生产性服务业集聚提供了智力保障。

（4）工业化水平的系数显著为负，说明第二产业的发展对于生产性服务业的需求拉动作用要低于对生产性服务业的挤压效果，工业化对生产性服务业集聚发展的支撑作用没有得到充分的体现。

（5）创新发展水平的系数显著为正，说明创新能力对生产性服务业集聚有明显的促进作用。其中直接效应、间接效应和总效应都为正，说明区域创新能力的提升引起本区域的生产性服务业集聚上升，同时对周边区域的溢出效应显著。从间接效应为正可以发现，随着专利水平提高，会突破壁垒，提升周边区域的生产性服务业集聚。

（6）在时间固定 SDM 模型中政府政策的系数为正，但不显著，这说明地方政府采取的经济政策整体上是有效的，对生产性服务业集聚发展应起到促进作用。同时，政府政策的直接效应、间接效应以及总效应都为正，但都不显著，这说明政府对区域生产性服务业集聚发展的影响不显著。

第八章 产业融合：生产性服务业增强制造业竞争力的有效途径

第一节 问题的提出

生产性服务业与消费性服务业不同，从前文分析知道，生产性服务业发展将提高制造业效率，提升产出价值，从而提高产业竞争力。从产业演变的视角看，生产性服务业与制造业的关系经历分立、共生互动和融合三个阶段，二者的关系由松散到密切：（1）生产性服务业和制造业分立阶段。生产性服务业为制造业的生产交易等活动提供服务，发挥经济润滑剂作用。这一阶段,生产性服务业独立于制造业内部价值链。（2）生产性服务业和制造业共生互动发展阶段。这一阶段，生产性服务业从制造业价值链中分离出来，形成独立的生产性服务业，与制造业互动发展，从而提高制造业价值链效率，相互促进、相互支持，进而促进生产性服务业和制造业的产业升级。（3）生产性服务业和制造业融合发展阶段。伴随制造业服务化和服务业产业化，生产性服务业与制造业的界限会越来越模糊，由共生互动逐渐合二为一。这种融合更多地表现为生产性服务业向制造业价值链的延伸、渗透和重组，生产性服务业正加速向制造业的研究、设计、物流、服务等过程展开全方位的渗透，两个产业相互融合，最终形成新型产业体系。

我国已进入工业发展新阶段，面临生产性服务业与制造业从共生互动到融合的转折。对处于新的国际竞争环境下的我国经济发展、转型与竞争力提升来说，研究生产性服务业与制造业融合发展具有重要的现实意义。主要体现在以下两方面：（1）生产性服务业与制造业融合将加速我国工业化进程中的二元经济结构转型。在新型工业化进程中，通过生产性服务业与制造业融合，将优化资源配置，劳动力一定程度转移到非农产业，扩大就业，实现新的经济增长。（2）生产性服务业与制造业融合将提升和增强我国产业特别是制造业的国际竞争力。目前，我国制造业整体竞争力较弱，主要表现在制造业技术含量低、产品附加值低、处于价值链低端等方面，而解决这一问题的关键，只能依靠制造业产业升级并提高我国制造业的国际竞争力，实现这一目的的重要方式与渠道就是推进生产性服务业与制造业融合。生产性服务业与制造业融合不仅具有更高的附加值与更大的利润空间，并且将更为方便地向消费者提供更多的高价值的服务或产品。增强制造业竞争力意味着制造企业将获得更高的市场占有率、更多的稀缺资源和更好的资本积累，从而获得更大的发展空间，这将进一步为科技研发服务提供更为有力的基础，因此，生产性服务业与制造业融合过程其实就是技术含量增加与资源重新优化整合的过程。对于面临新型工业化任务的我国而言，如果能够妥善处理好生产性服务业与制造业融合之间的关系，走一条生产性服务业与制造业融合发展的新型工业化道路，这次产业变革将成为提升我国产业结构发展层次与增强产业竞争力的绝好机遇。

价值链（value chain）概念最早由美国学者迈克尔·E. 波特在1985年提出的，他认为"每一个企业用来设计、生产、营销、交货以及对产品起辅助作用的各种活动集合，企业中的所有这些活动都可以用一个价值链表现出来"。企业价值的创造是通过一系列活动构成的。这些活动可以分为辅助活动和基本活动，辅助活动是指企业的辅助性增值活动，这些辅助活动通过提供外购投入、技术开发、人力资源等提供支持。基本活动是指生产经营的各个环节，包括内外部后勤、生产经营、市场营销、售后服务等。由于企业的每一项活动都可以创造价值，这些相互关联的活动构成一个创造价值的动态过程，即价值链。从价值链的角度，生产性服务业价值链主要包括产品开发、采购服务、物流配送、产品销售服务、人力资源服务等范畴；制造业价值链主要包括企业基础设施、人力资源管理、采购、内外部后勤、生产、市场销售等范畴，可以看出，生产性服务业价值链与制造业价值链之间关联性较大，结合点较多，因此，生产性服务业可以融合于制造业价值链中，生产性服务业与制造业融合可以从价值链的辅助活动和基本活动两方面进行。

关于生产性服务业与制造业融合过程，国内外研究更多的是从制造业服务化角度进行研究。Vandermerwe 等（1988）将制造业通过其价值链逐渐前移或后移，运用服务提升自身产品竞争力，从而向服务转型，并将这一过程称为"服务化"（servitization）。Pappas and Sheehan（1998）认为在生产过程中，融入制造产品的创新、生产、销售等服务过程形成的综合体，即"制造服务部门"（manufacturing-service sector）。这就使得传统上具有明确边界的生产性服务业和制造业变得模糊起来，逐渐融合为一。Wirtz（2001）从价值链的角度具体分析媒体产业与通信业的融合过程，认为融合过程包括价值链分解与价值链重构两个阶段。Araujo and Spring（2006）从价值链角度分析企业和用户的关系，认为是混合产品和服务要素复杂组合的导向，这种导向是基于制造与服务融合，从而出现生产结构重组。刘鹏和刘宇翔（2008）从产业价值链的角度阐述生产性服务业与制造业融合过程，但没有具体分析价值链之间如何进行融合。陆小成（2009）具体分析生产性服务业与制造业的融合的知识链模型，认为知识链模型构建关键在于建立交互性学习平台，并进一步提出生产性服务业与制造业融合的机制建设。刘明宇、芮明杰、姚凯（2010）认为生产性服务业的外部化将产生不同的经济效应，辅助活动的外包将提高专业化水平，从而提高资源配置效率，而基本活动的外包将通过规模经济效应提升企业的基本生产运营效率。具有生产连续性特征的基本活动将使得生产性服务关系性地嵌入到制造业价值链中，形成密切的关系网络，更好地分享知识和交换信息，从而提高产品生产效率；而具有专业化特征的辅助活动将使得外包业务进入专业化的分工网络中，这将影响企业外包效率的高低，总的来看，这种价值链的嵌入和外包将促进制造业效率的提高，从而增强制造业的核心竞争能力。

同时，国内学者对于生产性服务业（服务业）与制造业融合模式进行一定的研究，李美云（2006）在具体分析服务业跨产业融合发展的基础上，将服务业跨产业融合模式分为替代型、互补型和结合型三种模式，认为替代型融合模式是指服务业向制造业的渗透扩散，从而使制造业由生产单一实物产品改变为同时生产实物和提供服务，具有制造业和服务业两个产业的特点，进而替代传统的相关产业；互补型融合模式是通过制造业和服务业相互之间的渗透和延伸，互补它们之间的资源、业务、技术以及市场，进而向消费者提供具有互补性的产品——服务包；结合型融合模式是指通过服务业与制造业之间完全渗透融合，使融合后的产品具有更多的原服务功能的特点。童洁、张旭梅、但斌（2010）在分析生产性服务与实物产品关联的基础上，提出生产性服务业与制造业的融合模式，并将其分为基于内生性的融合模式、基于共生性的融合模式以及基于互补性的融合模式，同时进一步通过典型案例具体分析这三种融合模式的发展。

现有文献大多从不同的角度探讨生产性服务业与制造业融合发展的某一方面，缺乏系统的分析，尤其是从价值链的角度系统分析生产性服务业与制造业融合过程和融合效应，本书试图在这方面作出一定的尝试。本书以价值链为视角，分析生产性服务业与制造业融合过程模型、融合效应、融合动力以及融合模式，在此基础上提出促进生产性服务业与制造业融合的政策，以更好地发挥生产性服务业提升和增强制造业竞争力的作用。

第二节 生产性服务业与制造业融合过程模型与效应

一、生产性服务业与制造业融合过程模型

对于产业融合过程，国内外学者从价值链角度进行分析，Wirtz（2001）以传媒业和通信业具体分析产业融合的价值链分解与价值链重构两个阶段，而 Greenstein and Khanna（1997）从理论上分析产业融合的价值链融合过程。本书借鉴 Wirtz（2001）、Greenstein and Khanna（1997）、李美云（2007）的思想，将生产性服务业与制造业价值链融合过程分为价值链分解与价值链重构两个阶段。在这一融合过程中，当原有的制造业和生产性服务业的价值链由原来的链式结构分解为混沌的价值活动网络后，散落的价值链条被截取出来，并有所取舍地整合到新的产业价值链中。生产性服务业与制造业融合意味着原有产业链的分解和新的融合型产业价值链的形成。

（一）价值链的分解

随着技术的进步，市场范围的扩大，社会分工的更加细化，价值链的增值环节越来越多，价值链结构也更加复杂。当技术创新和放松规制导致生产性服务业与制造业融合发生时，原有的制造业和生产性服务业价值链断裂分解为散落的价值链条，并最终导致原有制造业和生产性服务业价值链的分解，形成混沌的价值活动网络。根据作用方式的不同，价值链的分解分为以下三种情况：

（1）渗透方式下的价值链分解。生产性服务业向制造业渗透主要发生在那些保障制造业正常生产运作的生产性服务业。当这些生产性服务业渗透到制造业中，制造业价值链中一些原有为生产服务的功能将从相关价值创造环节中分离出来。在制造业价值链中，从基本活动中的内外部后勤中分离出物流服务，生产活动中分离出维修服务；从辅助活动中的基础设施分离出诸如财务会计、法律、质量管理的基础设施服务，

从人力资源管理中分离出人力资源服务，这些分离最终将导致原有价值链的断裂和分解，而相关生产性服务业价值链则被保留，这一分解过程如图 8.1 所示：

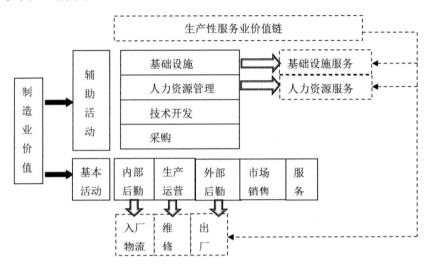

图 8.1　渗透方式下的价值链分解

（2）延伸方式下的价值链分解。采用价值链延伸方式的生产性服务业主要是与制造业的研发、销售与服务密切联系的研发设计、销售代理服务、客户服务，这些生产性服务处于制造业价值链的上游或下游环节。因此，这些生产性服务业价值链向上或向下延伸与制造业价值链发生交叉时，制造业价值链就会发生分解。在一般情况下，制造业价值链中与生产相关环节的价值链被基本保留，而上游或下游的生产性服务环节的价值链则会被分离出来，这一分解过程如图 8.2 所示。

（3）重组方式下的价值链分解。在重组方式下，生产性服务业与制造业分解各自的价值链，价值链中那些在技术上和经济效果上可分离的价值活动将逐一分解，形成一种混沌状态下的价值链网。这些价值活动的技术性和经济性将决定价值链分解程度的大小。价值链的分解应遵循两个基本原则：一是各个价值活动具有一定的技术上和经济上的独立

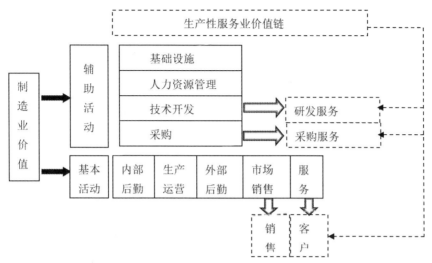

图 8.2　延伸方式下的价值链分解

性,即这些价值活动单独就能存在;二是该价值活动对竞争优势具有较大的影响,如对价值链差异化产生很大的潜在影响,或在成本中占有较大的比例(李美云,2007)。因此,与前两种分解方式相比较,这种分解方式的生产性服务业与制造业价值链分解程度最高。

(二)价值链的整合

对于生产性服务业与制造业融合过程来说,不同作用方式的价值链分解后价值链的整合过程也不尽相同。

(1)渗透和延伸方式下价值链的整合。生产性服务业与制造业融合通过生产性服务业向制造业渗透或延伸来实现,称为"制造业服务化"过程,这一过程意味着原来以实物产品生产为价值链核心的制造业,必须重新审视其以往的价值链。当原有制造业的价值链中包括的自我服务环节从制造业价值链分离出来,如研究开发、市场推广服务等,分解为混沌网状结构后,企业根据自身的核心竞争力和未来潜在的市场需求,整合价值链,形成新的价值链,此时,价值链的核心将发生根本性变化,从原来以实物产品生产为核心的价值链,转变为以实现客户价值、为客户提供全方位服务为核心的价值链。新的价值链不仅包括制造业价值链的核心价值活动，还融合了生产性服务业价值链的核心价值活动，这些价值活动不是简单的集中，而是分解进行截取后有序的整合。

（2）重组方式下价值链的整合。生产性服务业与制造业价值链中技术上和经济效果上可分离的价值活动被逐一分解后，截取其中一些价值活动单位，整合形成一新的价值链。在价值链的重组过程中，根据现有的产业特性和未来潜在的市场需求，并非截取原有制造业和生产性服务业价值链的所有价值活动，而是截取原有价值链核心增值价值活动，进行有序的重组整合，从而形成新的价值链。新的价值链使得原来有生产性服务的核心能力和服务体系转移到新的价值链中，从原来各自分散提供顾客的服务融合形成新的高效服务系统，为顾客提供一体化的解决方案，Wirtz（2001）把这种不同价值链的重组整合过程称为"价值增值环节一体化"。

总的来看，生产性服务业与制造业价值链上的活动差异以及活动间的协调程度是生产性服务业与制造业融合发展的反映。在生产性服务业与制造业融合过程中，原有的价值链分解为价值活动单位，形成混沌的价值活动网络，通过市场选择，截取一些最优或核心环节参与融合，并按照一定联系进行价值系统重构，形成新的价值链。因此，价值链的分解不是目的，而是为了更好地进行生产性服务业与制造业价值链融合，形成新的价值链，以创造出更大的价值。生产性服务业与制造业融合通过价值链上的分解与整合，一方面，生产性服务业必须关系性地融合到制造业价值链基本活动中，以保持制造业生产经营活动的连续性和协调性，形成生产性服务业与制造业基本活动的融合，如融合形成物流服务、制造维修服务、客户关系管理、销售代理服务等。另一方面，生产性服务业与制造业价值链辅助活动的结构性融合，这种融合发生在生产性服务业价值链中的人力资源服务、研发服务、基础设施服务等融合到制造业价值链辅助活动中，融合到企业的社会网络中。综上所述，生产性服务业与制造业融合价值链过程模型如图 8.3 所示：

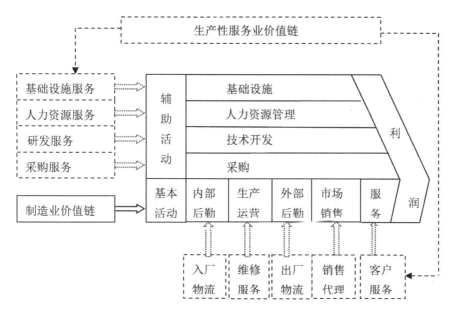

图 8.3　生产性服务业与制造业融合价值链模型

资料来源：根据 Michael E.Porter（1985），李美云（2007），Wirtz（2001），刘明宇等（2010）的研究成果综合整理。

（二）生产性服务业与制造业融合效应

在整个产业价值链中，结合"微笑曲线"理论，生产性服务业范畴包括价值链上游的科技研发服务、人力资源服务，以及处于价值链下游的营销服务、售后服务等，这些都为高附加值的价值链环节，而处于价值链中间的生产环节附加值较低，在价值链中生产性服务业利润空间大，制造业只有通过发挥前向效应和后向效应向价值链两端的生产性服务业转移，才能提高制造业空间利润，从而提升和增强制造业竞争优势。

生产性服务业与制造业融合实质是其价值链环节上活动的相互渗透、延伸和重组，不断转移制造业现有的比较优势，逐渐形成能带来更多竞争优势的价值链环节，形成新的产业价值链，直接进行价值创造，提高制造业价值空间。在生产性服务业与制造业融合过程中，一方面，制造业将一部分基本生产活动与生产性服务业融合，这种融合将使得企业间可以不断地以低成本、高效率交换那些至关重要的、无法通过市场机制获得的信息和知识。生产性服务业与制造业价值链基本活动融合，实现企业内外部价值链更好地融合，使得信息交流更加顺畅，这就超越了市场交换关系中价格体系所起的作用,最终实现潜在的规模经济效应，利用产品分工的迂回的规模报酬递增效果,提高企业生产运营效率。另一方面，制造业价值链辅助活动与生产性服务业结构性融合，将不断提升专业化技能，从而使得专业化水平得到不断提高，充分实现分工带来的专业化经济效果。同时，这种结构性融合将促进企业间的信任和增强合作关系，并将形成"多次性"的、"社会实施"的信任博弈，从而降低企业间的交易费用，进而实现规模报酬递增效应（刘明宇、芮明杰、姚凯，2010），从而改善优化资源配置效率。因此，生产性服务业与制造业融合将通过提高制造企业的生产运营效率和改善优化资源配置效率，增强制造业竞争力，如图 8.4 所示：

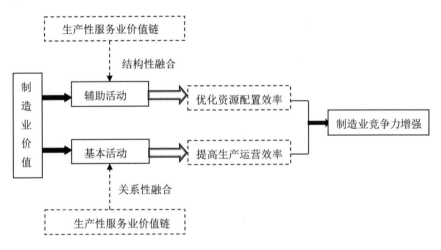

图 8.4　生产性服务业与制造业融合增强制造业竞争力

第三节　生产性服务业与制造业融合动力

国内外学者从不同的角度对产业融合的动力进行较为深入的理论分

析,例如,Porter(1985)认为,技术创新将可能导致技术融合,技术融合能够改变传统产业的边界,因此,技术创新是产业融合产生的主要动力。Yoffie 等(1996)认为,技术创新、政策管制放松和管理创新或战略联盟等是产业融合产生的主要动力。植草益(2001)认为,产业融合的产生是因为技术进步和规制的放松。国内学者也持类似的观点,马健(2002)认为,产业融合的内在动力为技术创新,而产业融合的外在动力为政府经济管制的放松。周振华(2003)认为,信息化是产业融合的基础条件。于刃刚(2006)认为,产业融合出现的主要动力为技术创新、企业跨产业并购、战略联盟的组建、政府经济性规制的放松以及这四个方面之间的相互作用。从现有的文献来看,认为产业融合的动力较多,并且主要对产业融合动力进行理论分析,而对具体产业间的融合动力研究较少。由于具体产业的特点不同,则具体产业间的融合动力也会有所不同,目前,较少涉及具体研究生产性服务业与制造业融合的动力。基于此,本书将根据生产性服务业与制造业的特点和发展情况,具体分析我国生产性服务业与制造业融合的动力。

(一)生产性服务业与制造业融合的基础动力

生产性服务业是脱离于制造业部门而独立发展形成的产业,它依附于制造业而存在,贯穿于制造业生产的上游、中游和下游的价值链环节(Browning and Singelmann,1975)。制造业价值链中最为重要的价值增值点为生产性服务业环节,在制造业发展过程中,生产性服务业通过"粘合剂"的作用,将不断提高制造业生产效率,从而促进制造业竞争力提升。在产业价值链中,生产性服务业价值链上游的研发服务、信息咨询服务将不断优化配置制造业的技术资源和生产资源,从而使资源达到最优配置,不断增强制造业技术创新能力,从而提升制造业竞争力;而处于生产性服务业下游的物流服务、营销服务、售后服务将不断降低制造业的交易成本和制造成本,这将有利于促进制造业生产规模的扩大,从而不断发挥制造业的后向关联效应。因此,生产性服务业通过贯穿于制造业生产的整个价值链环节，不断向制造业价值链渗透和延伸，从而提升制造业竞争力，这种价值链间的渗透和延伸将促进生产性服务业与制造业融合。

从价值链环节来看，生产性服务业价值链与制造业价值链之间关联性较大，生产性服务业与制造业价值链环节高度相关体现在这两个产业间的协同与竞争。随着生产性服务业特别是制造业竞争日益激烈，给企业带来严峻的挑战，同时也带来难得的发展机遇，企业将面临如何推动技术创新、业务创新和管理创新等问题，这就需要企业在不断变化的竞争环境中不断探索如何实现利润最大化和保持长期的竞争优势；这也需要企业在竞争中协同，在协同发展中进行创新，实现某种程度的融合。这时，企业的竞争和协同方式发生改变，企业的竞争方式由单个企业间的竞争转向价值链的竞争，最终转向跨价值链间的竞争；协同方式也由最初的企业内部协同转向企业外部协同，由产业内部协同转向多个产业协同（刘徐方，2010）。竞争与协同方式的变化促进生产性服务业构成要素与知识向制造业扩散，促进生产性服务业与制造业向同一方向发展，形成融合型产品。生产性服务业与制造业融合发展，突破产业间的条块分割，加强生产性服务业与制造业间的竞争与协同关系，减少产业间的进入壁垒，降低交易成本，从而提高产业竞争力。因此，产业间价值链高度相关是生产性服务业与制造业融合的基础动力。

（二）生产性服务业与制造业融合的内在动力

技术处于价值链的前端，是产业发展的原动力。生产性服务业与制造业都是以现代技术特别是信息技术为主要支撑。技术创新是产业融合的源泉所在。熊彼特（1928，1939）认为，创新是一个过程，是将生产要素和生产条件新组合，建立一个新的生产函数，同时认为技术创新的大规模"模仿"可理解为技术创新扩散。Solow（1951）首次提出技术创新的两个条件——新思想来源和以后阶段发展的实现。随着信息技术的发展，各种技术创新被广泛应用，导致技术在不同产业间转移，同时导致不同产业间具有相同的技术需求,不断发挥技术创新的溢出效应,促成不同产业间的边界模糊化,这将逐渐导致产业融合的发生。

技术创新主要通过以下两方面促进生产性服务业与制造业融合,一方面,制造业技术创新开发出替代性或关联性的技术和产品,然后通过渗透扩散到生产性服务业中,从而改变制造业产品的技术路线,进而改变制造业的生产成本函数;同样,生产性服务业技术创新通过渗透到制造业中改变其生产成本函数,这种生产性服务业与制造业的相互渗透扩散为生产性服务业与制造业融合提供动力。另一方面,技术创新改变生产性服务业与制造业市场的需求特征,给原有产业的产品带来新的市场需求,从而为生产性服务业与制造业融合提供市场空间。技术创新在生产性服务业与制造业中的扩散导致技术融合,技术融合促使生产性服务业与制造业的技术壁垒逐渐消失,形成共同的技术基础,从而使技术边界趋于模糊,最终导致生产性服务业与制造业融合。

在产业发展的实践过程中,技术创新不一定导致产业融合。如果产业技术创新大多发生在本产业内部,而不是发生在产业边界,这样将会产生"死尸融合"[①]。实际上,"死尸融合"也可能迫使产业创新传统经营观念,将管理创新、技术进步、放松规制结合起来,从而使产业融合变为现实。因此,技术创新是生产性服务业与制造业融合的内在动力,技术融合是生产性服务业与制造业融合的前提条件。

(三)生产性服务业与制造业融合的外在动力

由于不同产业间存在着进入壁垒,这使不同产业之间存在着各自的边界。美国学者施蒂格勒认为,进入壁垒是新企业进入过程中比旧企业多承担的成本,产业进入壁垒的主要原因是政府的经济性规则。

目前,我国生产性服务业在准入、经营、定价等方面受到的政府规

---

① 在传统产业分立的情况下,一些大型企业从传统经营角度追求不同业务的融合,这些业务缺乏技术融合的基础,企业所实行的纵向一体化业务融合是强行拼凑的,最终这些业务融合大都以失败告终,这被称为"死尸融合"。

制较多，而传统的多重规制及过度规制在较大程度上抑制了生产性服务业的发展，从而减少了竞争。规制放松不是单纯地减少规制或没有规制，而是使规制合理化，规制放松是减少对产业发展不利或不必要的规制，同时增加必要的激励规制，合理优化配置资源。发达国家生产性服务业发展的经验表明，在生产性服务业发展过程中，政府规制政策起到重要作用。政府规制直接决定生产性服务业进入市场的难易程度和机会，从而决定生产性服务业的市场结构以及竞争程度。规制放松将使生产性服务业加入制造业的竞争中，使得生产性服务业价值链活动与制造业价值链活动相互配合，从而逐渐走向生产性服务业与制造业融合。

在生产性服务业与制造业融合过程中，政府的引导作用是非常重要的。在这个过程中，政府要动态把握生产性服务业与制造业的发展趋势，明确技术创新或者技术融合对生产性服务业与制造业融合的影响作用大小，通过政府的制度供给、要素供给以及其他供给提供对生产性服务业与制造业融合的支持，同时实行监管融合，节约监管成本，提高监管效率，防范产业关联风险。因此，规制放松是生产性服务业与制造业融合的外在动力。

综上所述，产业间价值链高度相关是生产性服务业与制造业融合的基础动力，技术创新是生产性服务业与制造业融合的内在动力，政府规制放松是生产性服务业与制造业融合的外在动力，这三方面相互联系，相互作用，共同推进生产性服务业与制造业融合发展。

第四节 生产性服务业与制造业融合模式

根据生产性服务业与制造业融合过程中价值链的相互渗透、延伸、重组作用方式的不同，结合不同类型制造业的特点，在总结国内外学者研究的基础上，本书提出生产性服务业与制造业融合的三种模式：互补融合模式、延伸融合模式以及替代融合模式。

（一）互补型融合模式

互补型融合模式是指生产性服务业与制造业价值链间相互渗透，使生产性服务业与制造业之间融合成一种新型产品，融合后的产品更多体现制造业的功能，同时兼有生产性服务业的特征。在这一融合过程中，生产性服务业与制造业通过相互合作以及价值链的相互渗透来实现两者的融合发展，这时，整个制造业价值链得以保留，相关的生产性服务业的价值链融入其中。在开发、生产、销售等活动构成的制造业生产价值链上，制造业与生产性服务业只有通过密切渗透和相互配合，才能实现制造产品和生产性服务捆绑销售，如产品的开发和设计是由产品和生产性服务集成商完成，而制造和维修等业务则是由相关的生产性服务业提供。在该种模式下，生产性服务业与制造业在本质上是相关的，通过满足客户对于实物产品和生产性服务的完整需求来实现，只有通过制造业与生产性服务业在价值链上相互渗透，才能提供完整的解决方案。

这种融合模式主要发生在那些为保证制造业正常运作的生产性服务业与制造业之间。Hockers（1999）所指的"需求导向服务"（need-oriented services）以及 Marceau and Martinez（2002）提出的"产品服务整合"（producer-service integration）都属于这种互补型融合模式下的融合产品。需求导向服务并不与特定产品有关而旨在提高顾客满意程度，如最小成本化计划、制造业设备管理；"产品服务整合"是指制造企业在生产过程中根据客户特别要求或偏好额外增加研发、设计、技术服务。这种融合模式扩展了生产性服务业与制造业价值链内涵，更加关注消费者的需求，因而能有效地提高消费者的满意度。制造企业通过提高顾客满意度来提高客户或品牌忠诚度，从而提高其市场渗透力，提高制造业竞争力。

这种融合模式最为典型的是 IBM 为客户提供的信息系统整体解决方案。在这一融合模式下，培训、咨询等生产性服务全面渗透到 IT 制造业中，从而为客户提供解决方案，这一解决方案不但包括服务器、终端机、网络设备以及信息采集设备等硬件以及相关软件，还包括提供培训、咨询等生产性服务，而且根据客户的特点和特别需求，分析客户的业务流程、信息种类及处理、客户战略等问题并提供相应的服务，以使其方案与客户需求相匹配，这就使得 IBM 的收入剧增，并且生产性服务业收入占总收入的 50% 以上。

（二）延伸型融合模式

延伸型融合模式是指生产性服务业通过制造业价值链的延伸，在同一价值链上游或下游衍生出与实物产品相关的融合型产品。在制造过程中，随着产品对投入资源的要求增加，以及客户对产品要求的更加多样化，将形成对生产性服务的需求。因此，制造业通过分析产品特点，挖掘其从研发到售后的整个价值链，找到新的生产性服务需求，从而发掘新的利润增长点，这样就拓宽生产性服务业和制造业的领域，延伸生产性服务业和制造业价值链，也在一定程度上增强了生产性服务业和制造业的辐射功能。这样既开拓新的制造业市场，也带动生产性服务业的发展，将在一定程度上增加产品的市场地位和竞争力，从而提升生产性服务业和制造业的竞争力。基于延伸型融合模式下，制造业的实物产品衍生出新的基于"用户导向"（user-oriented）的生产性服务需求，这就使得生产性服务业领域不断拓展并渗透到制造业中，在生产性服务业与制造业融合的过程中，生产性服务业通过分工更加细化，发展集群化和提高专业化水平，从而提高服务能力，进而促进生产性服务业发展。

这种融合模式主要发生在那些与实物产品销售和使用密切联系的生产性服务业与制造业之间，或者与实物产品研发相联系的研究设计等知识密集的生产性服务业与制造业之间。Hockers（1999）所指的"用户导向服务"（user-oriented services）以及 White（1999）所提出的"产品扩展服务"（producer extension services）都属于这种延伸型融合模式下的融合产品。产品扩展服务是指服务提供者不拥有产品所有权，但必须随产品一起提供的服务，如维护、升级等服务，从而使制造者超越产品销售时点而与顾客保持长期的接触关系。这种延伸型融合模式较易出现在比较昂贵的产品或大型设备制造业上，如汽车制造业、大型机械设备制造业。

以通用汽车、上汽集团和上海通用汽车合资建立的上海安吉安星信息服务有限公司的汽车后市场服务为例，安吉安星信息服务公司通过不断拓展汽车价值链需求，从而为汽车用户提供更多有价值的生产性服务。该公司不断推出服务品牌和相关产品、金融贷款服务、二手车业务等，进行价值链的延伸，同时为用户提供广泛的汽车安全信息服务，如撞车自动报警、远程解锁服务、道路援助、远程车辆诊断和逐向道路导航等，为用户创造更多价值，通过这种拓展提升上海通用汽车的产品竞争力和服务竞争力。这种模式是在价值链上通过创造和开发客户需求来实现产品生产性服务的（童洁、张旭梅、但斌，2010）。

（三）替代型融合模式

替代型融合模式是指生产性服务业与制造业通过价值链的分解、重组，形成新的价值链通道，从而形成新的融合型产品。在这一模式下，消费者购买产品的同时，可以获得能保证其有效运营的系列服务，从而大大增加产品的使用价值。制造业可以利用其在实物产品生产过程中长期积累的产品整个生产周期所要求的相关服务知识以及专业技术和设备，很方便地进入与实物产品相关的生产性服务业领域，通过价值链重组，推进相关技术、资源、业务以及管理组织的融合，扩展或改造其价值链上的价值创造环节，从而在向消费者提供"一站式购买"（one stop shopping）解决方案的同时，保持与顾客的多点接触，使双方的价值最大化。

在替代型融合模式下，制造业的实物产品与生产性服务业的服务通过技术、资源、业务、管理和市场等价值链的重组，给客户提供替代型融合产品。在这种模式下，企业提供满足客户一定需求的实物产品和生产性服务，使二者重组结合销售，充分利用实物产品和生产性服务的不同优势，实物产品通过品牌、销售渠道等方面的优势来增加生产性服务业的需求,生产性服务业通过较低的交易费用、专业化水平等方面的优势来促进产品销售,从而占据和扩大不同的市场,产生更多的价值,形成"1+1>2"的效用。该模式通过替代型模式创新,使生产性服务和制造业在价值链上寻找新的重组结合点,从而在一定程度上拓宽生产性服务业和制造业的领域。

在替代型融合模式下,企业通过价值链分解和重组,进行跨地区、跨行业的重组、合并和转型,此时,企业所属产业的定位不再清晰,转型后的企业不一定能清晰地定位是属于制造业还是生产性服务业,如GE、AT&T在其转型后,通过具有优势的产品和服务在市场上占据不同地位,形成替代型融合模式下新的竞争优势。在这一融合模式中,重要的是结合制造业自身业务的特点,找到制造业价值链与生产性服务业价值链的最佳重组点,通过这种转型,企业能够产生新的竞争优势。这种替代型融合模式适合于大中型企业,尤其是拥有一定的品牌和市场地位的企业。这种融合模式主要发生在电信、通信、机械设备等行业。

第五节 本章小结

生产性服务业与制造业融合发展是非常丰富的。生产性服务业与制造业价值链环节上活动的相互渗透、延伸和重组,是生产性服务业与制造业融合发展的反映。价值链的基本活动通过作用于产品的功能形成,直接进行价值创造。价值链高度相关是生产性服务业与制造业融合的基础动力,价值链上游的技术创新是生产性服务业与制造业融合的内在动力,而规制放松是生产性服务业与制造业融合的外在动力。

生产性服务业与制造业融合过程实质是价值链分解和重构整合的过程,当技术创新和规制放松导致生产性服务业与制造业融合时,原有的价值链分解,形成混沌的价值活动,通过市场的选择,将一些最优、最核心的价值活动按照一定的联系进行价值链的重构整合,实现生产性服务业与制造业价值链融合，在创造出更高顾客价值的基础上获得企业经济绩效的增长，提高基本生产运营效率。同时也将实现分工带来的专业化经济效果，进一步提高规模递增的经济效应，改善资源配置效率，从而促进制造业竞争力的提升和增强。

生产性服务业与制造业价值链实质上有紧密的联系，针对不同类型的制造业和生产性服务业，根据价值链之间作用方式的不同，其价值链分解和整合的方式和过程也各不相同，从而形成不同的融合模式。根据生产性服务业与制造业的不同特点，生产性服务业与制造业融合可采用互补型、延伸型、替代型融合模式，从而有效提升和增强制造业竞争力。

根据以上分析，对于制定促进生产性服务业与制造业融合的政策有以下启示：

（1）为更好地提供促进生产性服务业与制造业融合的条件，政府需要制定合理的规制政策，减少不合理的规制政策，以实现资源的最佳配置，促进生产性服务业与制造业融合；同时，政府也应制定合理的促进技术创新的政策，因此，需要政府将促进生产性服务业与制造业融合政策由单一政策变为协同政策，以更好地实现生产性服务业与制造业融合。

（2）生产性服务业与制造业融合过程实质是价值链的分解和整合，在这一过程中，生产性服务业关系性地融合到制造业价值链的基本活动中，以及结构性地融合到制造业价值链的辅助活动中。因此，政策的制定需要考虑如何更好地促进这两方面的融合，应提供一个良好的融合环境，政策的重点应放在如何降低交易成本、鼓励研发投入、加强教育培训、优化创新环境、建设信息平台等方面，以提高生产性服务业与制造业融合效果。

（3）企业应根据生产性服务业与制造业融合的不同模式，充分发挥价值链作用，针对不同类型的企业选择不同的融合模式，以实现融合效果的最大化，从而提升企业竞争力，因此，企业应根据不同的融合模式选择不同的政策组合，应将政策的重点放在如何促进技术创新、降低协调成本、提高专业化水平等方面，以促进企业更好地融合发展。

第九章 中国生产性服务业与制造业的融合水平

生产性服务业与制造业融合将提高制造业基本生产运营效率和资源配置效率，从而提高和增强制造业竞争力。为了更好地制定促进生产性服务业与制造业融合的政策建议，有必要测算生产性服务业与制造业融合水平。基于此，本书首先分析我国生产性服务业与制造业融合基础条件，确定产业融合水平的测算方法，从行业层面和地区层面测算我国生产性服务业与制造业融合水平，结合我国生产性服务业与制造业融合水平的特点，以期制定相应的政策建议，更好地促进生产性服务业与制造业融合，从而提升和增强我国制造业竞争力。

第一节 中国生产性服务业与制造业融合的基础条件

随着我国经济的发展，产业结构得到不断优化，制造业得到长足进步和发展，在总量上不断增长和结构上不断优化，服务业以及生产性服务业在总量上也得到一定的发展。从理论上来说，生产性服务业与制造业融合将发生在产业发展到一定阶段时，只有当产业发展到一定阶段才可能发生产业融合。我国制造业增加值由2004年的51748.5亿元增加到2014年的195620.3亿元，增加了2.78倍，而生产性服务业增加值从2004年的23320.7亿元增加到2014年的118632.6亿元，增加了4.09倍，具体如图9.1所示。虽然从总量上看，制造业与生产性服务业增加值差距较大，但是从增长速度看，制造业与生产性服务业发展比较协调，而从制造业与生产性服务业增加值相差倍数看，两者间差距在逐渐减小，由 2004 年相差 1.22 倍减少到 2014 年的 0.65 倍。由此可看出，我国制造业与生产性服务业在总量上不断走向协调，这为生产性服务业与制造业融合发展提供了有力的基础。

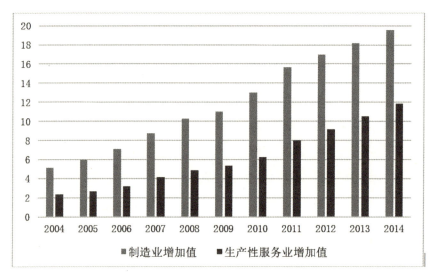

图 9.1 中国生产性服务业与制造业增加值比较

在分析总量之后，可分析生产性服务业内部结构和制造业内部结构情况。本书第三章具体分析了生产性服务业内部结构情况。目前，我国传统生产性服务业所占比例过高，高端生产性服务业所占比例较小，但是从生产性服务业细分行业的增长速度来看，我国高端生产性服务业增长速度总体高于传统生产性服务业增长速度，各细分行业的具体增长速度如图 9.2 所示。可以看出，交通运输、仓储和邮政业一直处于较低的增长速度，2004—2014 年期间年平均增长 11.93%，而金融业，科学研究、技术服务和地质勘查业的增长速度较高，分别为 24.62% 和 21.82%，这说明从细分行业的发展速度来看，有利于促进生产性服务业与制造业融合。对于制造业内部结构，虽然目前我国制造业主要以资本密集型和劳动密集型为主，但是我国中高技术密集型制造业发展较快，在制造业增加值中所占比重有所增加，而资本密集型、劳动密集型制造业比重明显下降，这也为生产性服务业与制造业融合提供一定的条件。

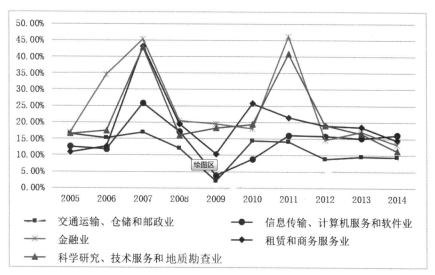

图 9.2　中国生产性服务业细分行业增长速度

从前文分析知道，生产性服务业与制造业融合的一个重要动力基础是技术创新，只有技术创新才能促进产业融合，技术创新是生产性服务业与制造业融合的内在动力。从实际来看，我国规模以上工业企业投入研发经费、研发人员数、新产品开发经费支出、有效发明专利数均在不断增加，具体情况如表 9.1 所示。R&D 项目经费支出由 2004 年的 921.2 亿元增加到 2014 年的 8162.9 亿元，增加了 7.86 倍；研发人员数从 2004 年的 52.8 万人增加到 2014 年的 246.4 万人，增加了 3.67 倍；新产品开发经费支出从 2004 年的 965.7 亿元增加到 2014 年的 101231.6 亿元，增加了 103.83 倍；有效发明专利数由 2004 年的 30315 件增加到 2014 年的 448885 件，增加了 13.81 倍。可以看出，无论从科技人员数量，还是从科技开发经费以及科技成果来看，我国制造业科技创新能力均取得快速发展，有了较大水平的提高，这为制造业与生产性服务业的技术融合提供了基础，也为生产性服务业与制造业融合奠定了基础。

表 9.1　中国规模以上工业企业科技基本情况

项目 年份	R&D 项目经费支出（亿元）	机构人员数（万人）	新产品开发经费支出（亿元）	有效发明专利数（件）
2004	921.2	52.8	965.7	30315
2008	2902.0	107.5	3095.8	80252
2009	3185.9	128.0	3654.6	118248
2010	3446.2	148.5	4420.7	--
2011	5052.0	181.6	6845.9	201089
2012	6230.6	226.8	7998.5	277196
2013	7294.5	238.8	9246.7	335401
2014	8162.9	246.4	101231.6	448885

资料来源：根据国家统计局网站公布的年度数据（http://data.stats.gov.cn/easyquery.htm?cn=C01）得到。

第二节　中国生产性服务业与制造业的融合水平

（一）融合水平测算方法

产业融合水平是指产业融合发展的程度。产业融合发展引起的产业界限模糊性，决定了产业融合度测算必须进行综合评价。对于产业融合水平的计算，国内外还没有形成系统的对产业融合程度的测度标准及方法，存在较大的争议。

由于技术融合是产业融合的前提条件，国内外较多的学者用技术融合度来近似衡量产业融合水平，目前主要有赫尔达尔—赫希曼指数（HHI 指数）、产业间专利相关系数、产业中间投入系数等。Gambardela and Torrisi（1998）选取 1984—1990 年美国电子信息产业计算机、电子元器件、通信设备、其他电子产品以及非电子技术产品等五个行业中的 32 家企业为样本，运用 HHI 指数计算电子信息产业间的技术和业务融合。

Fai and Tunzelman（2001）选取美国 867 家公司或分支机构中的 32 家企业数据，利用它们在 1930—1990 年美国电子、机械、化学和交通运输等四个产业的专利活动记录，运用产业间专利相关系数计算这四个产业间的技术融合程度。HHI 指数主要运用行业技术专利占整个产业的比例来衡量技术融合程度，产业间专利相关系数是运用与产业间的专利相关系数来衡量产业间的技术融合程度。Curran et al.（2010）以在药妆品和 NFF 行业中使用植物固醇为例，进行产业融合的实际案例分析，在 57 家专利机构和 10000 家期刊中，利用 SciFinder Scholar^{TM} 工具得到 2900 万篇论文和专利；进行分析后，最终选取 27 家企业的 451 个专利工具，然后测算每一个主题区域和产业部门的专利和出版物的权重平均年（the weighted average year，WAY），并根据结果讨论融合评价指标的意义。

这些计算方法均涉及产业专利数据，由于一般较难得到产业专利数据，并且这种运用专利数据计算得到的技术融合也不能准确估计产业融合程度，因此，一些学者不采用 HHI 指数和产业间专利相关系数测算生产性服务业与制造业融合程度，这样，部分学者会尝试使用投入产出表进行计算。Wan et al.（2011）尝试定量分析 ICT 产业部门之间及与其他经济部门之间的联系，采用产业融合的二维度分类方法，即供给性/需求性融合和替代性/互补性融合，运用投入产出表，对我国 ICT 产业的融合水平进行测算。国内许多学者根据投入产出表计算产业投入系数并进行衡量，李美云（2007）运用服务业投入总额占制造业产出的比重来衡量服务业跨产业融合的融合指标，该数值越大表示服务业与制造业融合程度越高。徐盈之（2009）在此基础上提出信息产业与制造业产业融合的测算方法，是以制造业细分行业生产过程中信息技术投入占总产出的比重来衡量；王亚男（2011）也以此方法测算我国制造业各细分行业的信息融合程度。汪德华、江静、夏长杰（2010）使用制造业细分行业总产值中生产性服务业所占比重进行衡量。赵彦云、秦旭、王杰彪

（2012）使用生产性服务业和制造业投入率和消耗率衡量生产性服务业与制造业融合程度。陈晓峰（2012）使用直接消耗系数、影响力系数以及感应度系数等指标衡量南通生产性服务业与制造业之间的互动融合程度。

根据以上分析，本书借鉴李美云（2007），汪德华、江静、夏长杰（2010），王亚男（2011），赵彦云、秦旭、王杰彪（2012）等所采用方法的思想，基于投入产出表进行判断，以制造业生产过程中生产性服务业投入占总产出比重来近似表示产业融合程度，计算公式为：

$$\text{生产性服务业与制造业融合度} = \frac{\text{制造业生产过程中生产性服务业投入}}{\text{制造业总产出}}$$

从上式可知，生产性服务业与制造业融合度的取值在 0—1 之间，该数值越大，表明融合程度越高，生产性服务业与制造业融合越好；数值越小，表明融合程度越低。

（二）行业融合水平测算

本书首先根据 2007 年我国投入产出表，计算我国制造业 28 个细分行业与生产性服务业整体，以及与生产性服务业细分行业的融合程度，具体计算结果如表 9.2 所示：[①]

表 9.2　中国生产性服务业与制造业融合水平

细分行业	生产性服务业	交通运输、仓储和邮政业	信息传输、计算机服务和软件业	金融业	租赁和商务服务业	科学研究、技术服务和地质勘查业
农副食品加工业	0.00432	0.00210	0.00004	0.00000	0.00184	0.00034
食品制造业	0.00772	0.00693	0.00000	0.00000	0.00000	0.00079
饮料制造业	0.02743	0.01440	0.00054	0.00134	0.01014	0.00101

---

① 由于我国 2007 年投入产出表有 42×42 部门和 135×135 部门两种，这里我们根据这两张投入产出表进行合并分类计算，合并分类根据国家统计局颁布的分类标准进行。

（续表）

细分行业	生产性服务业	交通运输、仓储和邮政业	信息传输、计算机服务和软件业	金融业	租赁和商务服务业	科学研究、技术服务和地质勘查业
烟草制品业	0.03508	0.01424	0.00431	0.00850	0.00536	0.00266
纺织业	0.00802	0.00150	0.00004	0.00009	0.00533	0.00106
纺织服装、鞋、帽制造业	0.03815	0.01881	0.00145	0.00392	0.01247	0.00151
皮革、毛皮、羽毛（绒）及其制品业	0.00055	0.00024	0.00020	0.00005	0.00004	0.00002
家具制造业	0.01570	0.00402	0.00171	0.00349	0.00558	0.00090
木材加工及木、竹、藤、棕、草制品业	0.00409	0.00285	0.00011	0.00000	0.00032	0.00082
造纸及纸制品业	0.09153	0.00149	0.00609	0.02311	0.05785	0.00298
印刷业和记录媒介的复制	0.25105	0.01990	0.04502	0.05049	0.12524	0.01041
文教体育用品制造业	0.07413	0.00680	0.00108	0.04217	0.02193	0.00213
石油加工、炼焦及核燃料加工业	0.30886	0.28150	0.00076	0.00578	0.01631	0.00450
医药制造业	0.00441	0.00064	0.00054	0.00021	0.00022	0.00280
化学原料及化学制品制造业	0.02427	0.00604	0.00093	0.00153	0.01077	0.00499
化学纤维制造业	0.00092	0.00050	0.00000	0.00000	0.00000	0.00042
橡胶制品业	0.04534	0.04308	0.00000	0.00008	0.00030	0.00188
塑料制品业	0.00447	0.00124	0.00029	0.00010	0.00111	0.00172
非金属矿物制品业	0.00353	0.00235	0.00009	0.00013	0.00023	0.00073

(续表)

细分行业	生产性服务业	交通运输、仓储和邮政业	信息传输、计算机服务和软件业	金融业	租赁和商务服务业	科学研究、技术服务和地质勘查业
黑色金属冶炼及压延加工业	0.00370	0.00276	0.00000	0.00000	0.00017	0.00077
金属制品业	0.02961	0.00628	0.00089	0.00073	0.01529	0.00644
有色金属冶炼及压延加工业	0.00023	0.00005	0.00000	0.00000	0.00000	0.00019
通用设备制造业	0.03103	0.02406	0.00258	0.00078	0.00253	0.00108
专用设备制造业	0.00686	0.00165	0.00052	0.00255	0.00037	0.00177
交通运输设备制造业	0.08484	0.06582	0.00204	0.00180	0.01299	0.00218
通信设备、计算机及其他电子设备制造业	0.04677	0.00228	0.01537	0.00037	0.02225	0.00649
仪器仪表及文化、办公用机械制造业	0.11714	0.00839	0.03188	0.01593	0.01168	0.04926
平均值	0.04775	0.01939	0.00502	0.00587	0.01323	0.00424

资料来源：根据2007年我国投入产出表计算所得。

从表9.2可以看出，我国生产性服务业与制造业整体的融合水平为0.04775，远低于美国的0.326，德国的0.284，日本的0.266，[①]这说明我国生产性服务业融合程度很低。从生产性服务业与制造业各细分行业融合水平来看，与生产性服务业融合水平较高的行业为石油加工、炼焦及核燃料加工业、印刷业和记录媒介的复制，融合度分别为0.30886和0.25105，远高于制造业其他细分行业，仪器仪表及文化、办公用机

---

① 资料来源：根据美国和德国2007年、日本2005年投入产出表计算所得。

械制造业融合度为 0.11714，造纸及纸制品业、交通运输设备制造业、文教体育用品制造业、电气机械及器材制造业融合度大于 0.05，也高于制造业平均融合水平，其他制造业细分行业均低于制造业平均融合水平，其中皮革、毛皮、羽毛（绒）及其制品业与生产性服务业融合度为 0.00055，化学纤维制造业融合度为 0.00092，而有色金属冶炼及压延加工业融合度最低，仅为 0.00023。总的来看，生产性服务业与制造业融合水平比较低，与制造业各行业之间的融合度相差非常大，因此，应根据制造业各行业特点，构建合适的生产性服务业与制造业融合政策和环境，同时，借鉴融合水平较好的细分行业经验，不断提高产业融合水平，促进生产性服务业发展，进而提升制造业竞争力。

从生产性服务业细分行业与制造业各行业平均融合水平来看，融合度从高到低依次为：交通运输、仓储和邮政业为 0.01939，租赁和商务服务业为 0.01323，金融业为 0.00587，信息传输、计算机服务和软件业为 0.00502，科学研究、技术服务和地质勘查业的融合水平最低，仅为 0.00424，可以看出，高端生产性服务业融合水平很低，传统生产性服务业融合水平相对较高，这主要与我国生产性服务业内部结构相关。从交通运输、仓储和邮政业与制造业各行业之间的融合度来看，与石油加工、炼焦及核燃料加工业融合度最高，为 0.28150，占该行业整个生产性服务业融合水平的 91.20%，远高于制造业其他行业的融合水平。而信息传输、计算机服务和软件业与印刷业和记录媒介的复制融合度最高，为 0.04502，与食品制造业、橡胶制品业、化学纤维制造业、黑色金属冶炼及压延加工业以及有色金属冶炼及压延加工业的融合度为 0。金融业与印刷业和记录媒介的复制融合度最高，为 0.05049，与农副食品加工业，食品制造业，木材加工及木、竹、藤、棕、草制品业，化学纤维制造业，黑色金属冶炼及压延加工业以及有色金属冶炼及压延加工业的融合度为 0。租赁和商务服务业与印刷业和记录媒介的复制融合度最高，为 0.12524，与食品制造业、化学纤维制造业、有色金属冶延加工业融合度为 0。科学研究、技术服务和地质勘查业与仪器仪表及文化、办公用机械制造业融合度最高，为 0.04926，与皮革、毛皮、羽毛（绒）及其制品业融合度最低，仅为 0.00002。总体来看，生产性服务业细分行业与制造业各行业融合水平较低且行业间相差很大，传统生产性服务业的融合水平相对较高，高端生产性服务业融合水平较低。

为进一步分析生产性服务业与制造业各行业间融合情况，本书将制造业这 28 个细分行业分为劳动密集型、资本密集型、技术密集型三种类型，①分析生产性服务业与它们之间的融合情况，具体结果如表 9.3 所示：

表 9.3 中国生产性服务业与不同类型制造业融合情况

制造业类型		生产性服务业	交通运输、仓储和邮政业	信息传输、计算机服务和软件业	金融业	租赁和商务服务业	科学研究、技术服务和地质勘查业
劳动密集型	绝对数	0.02615	0.00658	0.00212	0.00473	0.01129	0.00143
	比重	100%	25.16%	8.11%	18.09%	43.17%	5.47%
资本密集型	绝对数	0.05240	0.04138	0.00158	0.00162	0.00451	0.00331
	比重	100%	78.97%	3.02%	3.09%	8.61%	6.32%
技术密集型	绝对数	0.05049	0.01745	0.00948	0.00108	0.01725	0.00524
	比重	100%	34.56%	18.78%	2.14%	34.17%	10.38%

资料来源：根据 2007 年我国投入产出表计算所得。

① 劳动密集型行业：农副食品加工业；食品制造业；饮料制造业；烟草制品业；纺织业；纺织服装、鞋、帽制造业；皮革、毛皮、羽毛（绒）及其制品业；木材加工及木、竹、藤、棕、草制品业；家具制造业；造纸及纸制品业；印刷业和记录媒介的复制；文教体育用品制造业；橡胶制品业；塑料制品业。
资本密集型行业：石油加工、炼焦及核燃料加工业；非金属矿物制品业；黑色金属冶炼及压延加工业；有色金属冶炼及压延加工业；金属制品业；通用设备制造业；专用设备制造业；仪器仪表及文化、办公用机械制造业。
技术密集型行业：化学原料及化学制品制造业；医药制造业；化学纤维制造业；交通运输设备制造业；电气机械及器材制造业；通信设备、计算机及其他电子设备制造业。

从计算结果来看，生产性服务业整体与资本密集型制造业融合水平最高为 0.05240，与技术密集型制造业融合水平次之，为 0.05049，与劳动密集型制造业融合水平最低，为 0.02615。从生产性服务业细分行业来看，交通运输、仓储和邮政业与资本密集型制造业融合水平最高为 0.04138，信息传输、计算机服务和软件业与技术密集型制造业融合水平最高为 0.01745，金融业与劳动密集型制造业融合水平最高为 0.00473，租赁和商务服务业与技术密集型制造业融合水平最高为 0.01725，科学研究、技术服务和地质勘查业与技术密集型制造业融合水平最高为 0.00524。从生产性服务业各细分行业与这三种类型制造业融合在整体融合水平中所占比重来看，交通运输、仓储和邮政业与资本密集型制造业融合所占比重最大，为 78.97%；信息传输、计算机服务和软件业，科学研究、技术服务和地质勘查业这两个行业与技术密集型制造业融合所占比重均为最大，分别为 18.78% 和 10.38%；金融业、租赁和商务服务业这两个行业与劳动密集型制造业融合所占比重为最大，分别为 18.09% 和 43.17%。总的来看，这三种类型制造业与高端生产性服务业融合所占比重依然较低，特别应降低交通运输、仓储和邮政业与资本密集型制造业融合所占比重，提高高端生产性服务业融合所占比重。

（三）分地区融合水平测算

在分析生产性服务业与制造业各行业之间的融合情况后，本书从地区层面分析各地区生产性服务业与制造业之间的融合水平，具体计算结果见表 9.4：

表 9.4 中国各地区生产性服务业与制造业融合水平

地区	生产性服务业	交通运输、仓储和邮政业	信息传输、计算机服务和软件业	金融业	租赁和商务服务业	科学研究、技术服务和地质勘查业
北京	0.27533	0.04223	0.09799	0.01238	0.02853	0.09420
天津	0.05437	0.04057	0.00233	0.00155	0.00376	0.00615
辽宁	0.03522	0.01896	0.00443	0.00443	0.00391	0.00348
河北	0.03717	0.02195	0.00540	0.00224	0.00236	0.00522
黑龙江	0.06005	0.03740	0.00568	0.00377	0.00867	0.00453
山东	0.03680	0.02656	0.00172	0.00181	0.00591	0.00080
吉林	0.04164	0.02252	0.00724	0.00188	0.00533	0.00466
内蒙古	0.06541	0.05719	0.00221	0.00255	0.00170	0.00175
海南	0.15733	0.13054	0.00475	0.00703	0.01256	0.00245
上海	0.06269	0.02708	0.00423	0.00349	0.01990	0.00798
贵州	0.04961	0.02420	0.01085	0.00466	0.00513	0.00477
云南	0.04958	0.00384	0.01600	0.01036	0.01200	0.00738
新疆	0.09483	0.05648	0.01394	0.00548	0.01358	0.00535
青海	0.08764	0.04472	0.00775	0.02684	0.00345	0.00489
山西	0.03074	0.01532	0.00223	0.00653	0.00426	0.00240
河南	0.02005	0.01233	0.00051	0.00149	0.00332	0.00240
安徽	0.05405	0.03486	0.00350	0.00355	0.00792	0.00423
江苏	0.02743	0.01159	0.00323	0.00135	0.00823	0.00302
湖南	0.03495	0.02168	0.00631	0.00384	0.00100	0.00212
江西	0.02842	0.01773	0.00419	0.00492	0.00078	0.00080
浙江	0.03476	0.01419	0.00592	0.00196	0.00985	0.00284
福建	0.03745	0.02287	0.00409	0.00333	0.00435	0.00282
湖北	0.04129	0.02975	0.00262	0.00468	0.00300	0.00123

第九章　中国生产性服务业与制造业的融合水平　185

（续表）

地区	生产性服务业	交通运输、仓储和邮政业	信息传输、计算机服务和软件业	金融业	租赁和商务服务业	科学研究、技术服务和地质勘查业
广东	0.03175	0.01271	0.00534	0.00112	0.00877	0.00381
宁夏	0.05240	0.03149	0.00577	0.00505	0.00634	0.00374
四川	0.04853	0.02760	0.00653	0.00393	0.00540	0.00506
重庆	0.04397	0.02227	0.00896	0.00451	0.00291	0.00533
陕西	0.06711	0.03603	0.00998	0.00625	0.00435	0.01051
甘肃	0.05005	0.03309	0.00501	0.00597	0.00228	0.00370
广西	0.04408	0.02372	0.00420	0.00547	0.00728	0.00341
全国地区平均水平	0.05849	0.030716	0.008764	0.005081	0.006894	0.007034

资料来源：根据各省市（自治区）2007年42×42部门投入产出表计算所得。

从计算结果看，北京市生产性服务业与制造业融合水平最高，为0.27533，远高于其他省市（自治区）和全国平均融合水平，且从各细分行业融合水平所占比重来看，信息传输、计算机服务和软件业融合水平所占比重为35.59%，科学研究、技术服务和地质勘查业融合水平所占比重为34.21%，这表明北京市高端生产性服务业与制造业融合水平较高，这与北京市生产性服务业发展较好相关。[1]海南省生产性服务业与制造业融合水平其次，为0.15733，而从各细分行业融合水平所占比重来看，交通运输、仓储和邮政业融合水平所占比重高达82.97%，而信息传输、计算机服务和软件业融合水平仅占3.02%，科学研究、技术服务和地质勘查业融合水平仅占1.56%，这与北京市的情况完全不同，传统生产性服务业融合水平所占比重极高，高端生产性服务业融合水平所占比重很低。河南省生产性服务业与制造业融合水平最低，为0.02005，

---

[1] 2010年，北京市生产性服务业占GDP比重为40.27%，远高于全国15.55%的水平，且从内部结构看，北京高端生产性服务业所占比例为70.70%。

各细分行业融合水平所占比重情况与海南类似,传统生产性服务业融合水平所占比重极高,高端生产性服务业融合水平所占比重很低。这里注意到,江苏省生产性服务业与制造业融合水平较低,仅为0.02743,这与江苏省的制造业和生产性服务业发展水平不相吻合,可能是由于生产性服务业与制造业融合的外在动力不强,政府干预较多。①

从各地区生产性服务业细分行业与制造业融合水平来看,交通运输、仓储和邮政业与制造业融合水平最高的地区为海南,高达0.15733,而最低的地区为云南,仅为0.00384。信息传输、计算机服务和软件业与制造业融合水平最高的地区为北京,融合度为0.09799,远远高于其他地区的融合水平,融合水平最低的地区为河南,融合度为0.00051,融合水平最高与最低相差191倍。金融业与制造业融合水平最高的地区同样为北京,融合度为0.01238,最低的地区为广东,融合度为0.00112,这似乎出乎我们的预料,本书认为可能是与广东制造业类型相关。② 租赁和商务服务业与制造业融合水平最高的地区依然为北京,融合度为0.02853,最低的地区为江西,融合度为0.00078。科学研究、技术服务和地质勘查业与制造业融合度最高的地区还是北京,融合度为0.09420,最低的地区为江西和山东,融合度均为0.00080。从生产性服务业各细分行业与制造业融合水平来看,北京除交通运输、仓储和邮政业外,其余四个细分行业均为融合水平最高的地区。

本书进一步将我国各区域划分为东部、中部和西部三大区域③进行分析,分别计算东部、中部和西部生产性服务业与制造业融合平均水平,以及生产性服务业各细分行业与制造业融合水平所占比重,计算结果见表9.5:

---

① 根据张诚、赵奇伟(2011)、杨仁发、刘纯彬(2012)等使用政府消费占最终消费比例来衡量政府干预程度,2010年江苏省这一比例高达36.52%。
② 广东省制造业类型主要为劳动密集型行业,并且是以出口贸易加工型为主。
③ 这里东部、中部和西部地区划分与本书第三章划分一致。

表 9.5 中国各区域生产性服务业与制造业融合情况

三大区域		生产性服务业	交通运输、仓储和邮政业	信息传输、计算机服务和软件业	金融业	租赁和商务服务业	科学研究、技术服务和地质勘查业
东部地区	平均水平	0.0718	0.0336	0.0127	0.0037	0.0098	0.0121
	比重	100%	46.72%	17.60%	5.15%	13.68%	16.80%
中部地区	平均水平	0.0389	0.0239	0.0040	0.0038	0.0043	0.0028
	比重	100%	61.57%	10.37%	9.85%	11.02%	7.19%
西部地区	平均水平	0.0594	0.0328	0.0083	0.0074	0.0059	0.0051
	比重	100%	55.22%	13.97%	12.46%	9.93%	8.59%

资料来源：根据各省市（自治区）2007年42×42部门投入产出表计算所得。

从计算结果来看，东部地区生产性服务业与制造业融合水平最高，融合度为0.0718，西部地区的融合度为0.0594，而中部地区的融合水平最低，为0.0389。交通运输、仓储和邮政业、信息传输、计算机服务和软件业、租赁和商务服务业、科学研究、技术服务和地质勘查业这四个细分行业与制造业融合水平在东部地区最高，而金融业与制造业融合水平在西部地区融合水平最高。从生产性服务业细分行业与制造业融合所占比重来看，三大区域交通运输、仓储和邮政业等传统生产性服务业融合水平所占比重较高，中部地区交通运输、仓储和邮政业融合水平所占比重高达61.57%，这可能也是造成中部地区整体生产性服务业融合水平最低的原因。信息传输、计算机服务和软件业，租赁和商务服务业，科学研究、技术服务和地质勘查业这三个细分行业与制造业融合水平所占比重较高，达到34.40%，这一比例远高于中部和西部地区。

第三节 本章小结

我国生产性服务业和制造业的发展规模、内部结构比例以及制造业科技创新能力等方面均为生产性服务业和制造业融合提供了一定的基础。本书借鉴李美云（2007），汪德华、江静、夏长杰（2010），王亚男（2011），赵彦云、秦旭、王杰彪（2012）等所采用方法的思想，基于投入产出表进行判断，以制造业生产过程中生产性服务业投入占总产出比重来近似表示产业融合程度。本书从细分行业层面和地区层面分别测算生产性服务业与制造业融合水平，从计算结果看，可以得到以下结论与启示：

（1）我国生产性服务业与制造业整体的融合水平较低，石油加工、炼焦及核燃料加工业与生产性服务业融合水平最高，而有色金属冶炼及压延加工业与生产性服务业融合水平最低，生产性服务业与制造业各行业之间的融合度相差非常大，因此应根据制造业各行业特点，提高其产业融合水平，促进生产性服务业发展，进而提升制造业竞争力。

（2）从生产性服务业细分行业与制造业各行业平均融合水平来看，高端生产性服务业与制造业融合水平很低，传统生产性服务业融合水平相对较高，且行业间相差很大，这主要与我国生产性服务业内部构成有关，因此，应大力促进高端生产性服务业发展，优化生产性服务业内部结构。

（3）生产性服务业整体与资本密集型制造业融合水平最高，与技术密集型制造业融合水平次之，与劳动密集型制造业融合水平最低。从生产性服务业细分行业来看，交通运输、仓储和邮政业与资本密集型制造业融合水平最高，信息传输、计算机服务和软件业，租赁和商务服务业，科学研究、技术服务和地质勘查业这三个细分行业与技术密集型制造业融合水平最高，而金融业与劳动密集型制造业融合水平最高；同时，这三种类型制造业与高端生产性服务业融合所占比重依然较低。因此，应着力提高高端生产性服务业融合所占比重，根据现有的融合水平，制定不同的政策，促进生产性服务业发展。

（4）从地区来看，北京市生产性服务业与制造业融合水平最高，远高于其他省市（自治区）和全国平均融合水平，并且除交通运输、仓储和邮政业外，其余四个细分行业与制造业的融合水平均为最高的地区。各省市（自治区）间的融合水平差异较大，也呈现出各自的特点，例如，江苏省生产性服务业与制造业融合水平较低。从区域层面来看，东部地区生产性服务业与制造业融合水平最高，西部地区的融合其次，而中部地区的融合水平最低。因此，各地区应根据自身的融合状况制定不同的政策，促进生产性服务业与制造业融合，以促进生产性服务业发展和增强制造业竞争力。

第十章 结论、政策建议及展望

第一节 结论

在我国经济发展取得举世瞩目成就的同时，我国制造业也取得了巨大的发展，规模居世界第一位。但在国内资源能源和环境约束、欧美发达国家再工业化以及世界经济波动的情况下，我国制造业面临着巨大的压力，制造业竞争力已经到了必须升级的"时点"。而与制造业唇齿相依的生产性服务业的迅速发展，为制造业竞争力的提升和增强带来生机和正能量，鉴于此，对于制造业竞争力（效率）的研究不能紧紧局限于制造业本身，必须对其与生产性服务业的内在联系这一着力点进行研究。基于此，本书尝试解答以下问题：在我国目前阶段，生产性服务业水平与集聚发展对制造业竞争力提升的作用如何？我国生产性服务业水平与集聚发展的主要影响因素有哪些？如何更好地促进生产性服务业的水平与集聚发展？生产性服务业增强制造业竞争力的有效途径是什么？我国生产性服务业与制造业融合水平如何？本书通过文献综述、理论演绎、实证分析等途径，首先将生产性服务业含义概述为：在产品生产和服务提供过程中，作为中间投入的服务的部门和行业。根据生产性服务业内涵和"中间需求率"的动态发展变化，将生产性服务业外延界定为：交通运输、仓储和邮政业，信息传输、计算机服务和软件业，金融业，租赁和商务服务业，科学研究、技术服务和地质勘查业这五个细分行业。同时，根据 Porter（1980，1985）、Krugman（1993）、Hayes（1984）、Hayes and Wheelwright（1985）、Oral（1993）、Oral，

Cinar and Chabchoub（1999）、金碚（2003）等观点，结合目前我国制造业发展阶段和特点，本书认为提升制造业竞争力要通过提高我国制造业生产率来完成，因此，本书将制造业竞争力提升与制造业生产率提高在很大程度上合二为一。对于制造业效率的测算，本书采用数据包络分析法（DEA），且以固定资本与流动资本之和作为资本投入的基础数据，这不同于目前大多数研究中只以资本投入进行衡量。总的来看，本书的主要结论包括以下方面：

一、中国生产性服务业水平发展对制造业竞争力提升具有显著的促进作用

（1）我国整体生产性服务业水平发展对制造业竞争力的提升具有显著作用，在细分行业中，交通运输、仓储和邮政业对制造业竞争力的促进作用最大，科学研究、技术服务和地质勘查业促进作用不显著，这与我国目前制造业粗放式发展以及生产性服务业内部结构相关，而要显著提高我国制造业竞争力，根本是大力发展资本和技术密集型等先进制造业，而先进制造业对信息传输、计算机服务和软件业，金融业，科学研究和技术服务等高端生产性服务业的依赖性较大。

（2）从区域层面看，东部和中西部地区生产性服务业水平发展均对制造业竞争力提升有促进作用。在东部地区，生产性服务业水平发展是制造业竞争力提升最为重要的因素，中西部地区则具有一定的促进作用。

（3）生产性服务业水平发展对劳动密集型制造业、资本密集型制造业以及技术密集型制造业竞争力均有显著促进作用，但作用大小不同，对资本密集型制造业作用最大，对技术密集型制造业作用最小，可能与我国生产性服务业的内部结构相关，因此，应采取措施优化生产性服务业内部结构，提高高端生产性服务业比例。

（4）政府规模对制造业竞争力提高有正向促进作用，这说明我国制造业发展在一定程度上仍然依赖于政府投资与消费，但从长远来说，

政府规模所带来的资源配置效率的损失大于政府规模对制造业竞争力提升的作用，这在东部地区得以验证，因此，从长远来说，应合理利用政府投资，形成有效的溢出效应，吸引先进制造业和高端生产性服务业，形成产业集聚效应。

（5）无论从地区还是行业层面，熟练劳动力数量都是制造业竞争力提升的重要因素。实际上，生产性服务业发展依赖于人力资本的投入，即在一定程度上，熟练劳动力数量的增加也将促进生产性服务业水平发展，因此，应采取政策增加熟练劳动力，建立多层次人才培养机制。

（6）从全国和细分行业层面来看，外商直接投资对我国制造业竞争力提升作用不显著，因此，应调整吸引外资的思路，加大对先进制造业和生产性服务业的引资力度，且对生产性服务业引资应当成为我们长远的引资战略目标，充分实现外商直接投资的溢出效应。

二、中国生产性服务业集聚发展对制造业竞争力提升呈现显著促进作用

（1）生产性服务业集聚能显著地促进制造业竞争力的提升，但其促进作用小于制造业集聚的作用。同时，生产性服务业集聚对劳动密集型、资本密集型和技术密集型制造业竞争力均有促进作用，并且对技术和知识含量越高的制造业竞争力促进作用越大。

（2）生产性服务业五个细分行业集聚均对制造业竞争力提升有显著的促进作用，其中科学研究、技术服务和地质勘查业集聚对制造业竞争力作用最大，而信息传输、计算机服务和软件业集聚，租赁和商务服务业集聚的作用最小。在三类制造业中，金融业集聚对劳动密集型制造业竞争力促进作用最大，交通运输、仓储和邮政业集聚对资本密集型制造业竞争力作用最大，而租赁和商务服务业集聚的作用较小；科学研究、技术服务和地质勘查业集聚对技术密集型制造业竞争力影响最大；制造业集聚对资本和技术密集型制造业竞争力有显著影响，而对劳动密集型制造业竞争力影响不明显。

（3）相邻地区生产性服务业集聚能有效提升本地区整体制造业竞争力，这说明生产性服务业集聚存在溢出效应。从三类制造业来看，相邻地区生产性服务业集聚能显著提升本地区劳动密集型和技术密集型制造业竞争力，而对资本密集型制造业竞争力作用不显著。

（4）生产性服务业的专业化集聚将会促进制造业竞争力的提升，这说明生产性服务业 MAR 外部性效应显著，同一生产性服务业细分行业内集聚将有效促进企业间的知识溢出，从而促进制造业竞争力提升。但是，生产性服务业集聚的 Jacobs 外部性效应为负，这说明生产性服务业多样化集聚将导致制造业竞争力降低，生产性服务业多样化集聚阻碍了技术外溢，从而导致制造业竞争力的下降。

三、中国目前发展阶段生产性服务业水平发展的影响因素

（1）工业化程度对我国整体生产性服务业水平发展影响最大，并且在五个细分行业中除科学研究、技术服务和地质勘查业外，工业化也是最为重要的影响因素之一，这说明工业对生产性服务业需求占主导地位，因此，应以现有的工业化为基础，加快产业结构转型升级，带动生产性服务业水平发展，特别是科学研究、技术服务业的发展。

（2）无论是全国还是东部、中西部以及五个细分行业中，生产性服务业服务效率均是影响生产性服务业水平发展的一个较为主要的因素，生产性服务业服务效率的提升将会有利于生产性服务业水平发展。从全国层面来看，生产性服务业服务效率的提高将促进生产性服务业发展水平的提高，而在东部地区这一作用远高于中西部地区。因此，应通过引入市场竞争等措施着力提高生产性服务业服务效率。

（3）目前，产业融合无论对全国，还是东部、中西部生产性服务业水平发展都具有促进作用，但作用较弱。从全国层面来看，产业融合程度的提高将促进生产性服务业水平发展。在五个细分行业中，产业融合对信息传输、计算机服务和软件业，金融业，科学研究、技术服务和

地质勘查业的发展具有促进作用，而对交通运输、仓储和邮政业，租赁和商务服务业作用不显著。总的来看，这在一定程度上反映了我国生产性服务业融合程度较低，没能发挥产业融合应有的作用，因此，应提高信息化水平和科技创新，不断促进生产性服务业产业融合程度，从而促进生产性服务业水平发展。

（4）从全国层面来看，政府规模与生产性服务业水平发展呈正相关，细分行业中的金融业、租赁和商务服务业以及科学研究、技术服务和地质勘查业发展与政府规模也呈正相关，本书的解释是政府规模与生产性服务业水平发展关系存在一个由正变负的过程，这说明目前我国总体生产性服务业发展水平较低。虽然在短期内，政府干预会保护生产性服务业水平发展，但从长期来看，政府干预则会阻碍生产性服务业水平发展。因此，应加快生产性服务业市场化体制改革，放松政府规制，降低行业垄断，从而将生产性服务业发展水平带入新的发展阶段。

（5）无论是全国，还是东部、中西部，专业化分工深化都将促进我国生产性服务业水平发展。从细分行业来看，专业化分工深化将促进交通运输、仓储和邮政业，信息传输、计算机服务和软件业，金融业的发展，而对租赁和商务服务业，科学研究、技术服务和地质勘查业发展作用不显著。制造业集聚在全国层面和东部地区促进生产性服务业水平发展，而在中西部地区则阻碍了生产性服务业水平发展。对外开放程度对东部地区作用显著，而对全国层面和中西部地区生产性服务业水平发展作用不明显。

（6）从区域层面看，东部和中西部生产性服务业水平发展影响因素存在一定的差异。在东部地区，重点应放在如何提高产业融合程度和减少政府干预；而中东部地区，则应加快推进工业化进程，改善基础设施条件，扩大对外开放程度以及放松政府规制，积极引入生产性服务企业。

四、中国目前发展阶段生产性服务业集聚发展的影响因素

（1）制造业集聚对生产性服务业集聚的影响是正向且显著。这表明制造业集聚与生产性服务业集聚之间存在显著正相关，制造业集聚能显著促进生产性服务业集聚。同时，制造业集聚效应对周围地区有负向的示范效应和溢出效应。目前，东部发达地区面临劳动力、土地和资源的硬性约束，劳动密集型制造业仍占有重要地位，中西部地区承接东部产业转移还没形成规模。

（2）城镇化率的估计系数显著为正，与理论假设一致。城市化率通过直接效应、间接效应对本地区、周围地区产生正向促进作用，并且对全部地区的总效应也是正向的。因此，应大力提高城镇化率，这对地区生产性服务业集聚提供劳动力和人力资本起到支撑作用，为生产性服务业集聚提供了智力保障。

（3）工业化水平的系数显著为负，说明第二产业的发展对于生产性服务业的需求拉动作用要低于对生产性服务业的挤压效果，工业化对生产性服务业集聚发展的支撑作用没有得到充分的体现。

（4）创新发展水平的系数显著为正，说明创新能力对生产性服务业集聚有明显的促进作用。其中，直接效应、间接效应和总效应都为正，说明区域创新能力的提升引起本区域生产性服务业集聚上升，同时对周边区域的溢出效应显著。从间接效应为正可以发现，随着专利水平的提高，会突破壁垒，提升周边区域的生产性服务业集聚。

（5）在时间固定SDM模型中政府政策的系数为正，但不显著，这说明地方政府采取的经济政策整体上是有效的，对生产性服务业集聚发展应起到促进作用。同时，政府政策的直接效应、间接效应以及总效应都为正，但都不显著，这说明政府对区域生产性服务业集聚发展的影响不显著。

五、产业融合是生产性服务业增强制造业竞争力的有效途径

（1）生产性服务业与制造业融合发展是非常丰富的。生产性服务业与制造业价值链环节上活动的相互渗透、延伸和重组，是生产性服务业与制造业融合发展的反映。价值链的基本活动通过作用于产品的功能形成，直接进行价值创造。价值链高度相关是生产性服务业与制造业融合的基础动力，价值链上游的技术创新是生产性服务业与制造业融合的内在动力，而规制放松是生产性服务业与制造业融合的外在动力。

（2）生产性服务业与制造业价值链环节上活动的相互渗透、延伸和重组，是生产性服务业与制造业融合发展的反映。价值链的基本活动通过作用于产品的功能形成，直接进行价值创造。生产性服务业与制造业融合过程实质是价值链分解和重构整合的过程，当技术创新和规制放松导致生产性服务业与制造业融合时，原有的价值链分解，形成混沌的价值活动，通过市场的选择，将一些最优、最核心的价值活动按照一定的联系进行价值链的重构整合，实现生产性服务业与制造业价值链融合。生产性服务业与制造业价值链基本活动的融合，将超越市场交换关系中价格体系所起的作用，实现潜在的规模经济效应，在创造出更高顾客价值的基础上获得企业经济绩效的增长，提高基本生产运营效率。生产性服务业与制造业价值链辅助活动的融合，促使提高专业化水平，实现分工带来的专业化经济效果，同时进一步提高规模递增的经济效果，改善资源配置效率。因此，生产性服务业与制造业融合将通过提高制造企业的生产运营效率和改善优化资源配置效率，提升制造业竞争力。

（3）生产性服务业与制造业价值链实质上有紧密的联系，针对不同类型的制造业和生产性服务业，根据价值链之间作用方式的不同，其价值链分解和整合的方式和过程各不相同，从而形成不同的融合模式。根据生产性服务业与制造业的不同特点，生产性服务业与制造业融合可采用互补型、延伸型、替代型融合模式，通过这些融合模式也将有效提升和增强制造业竞争力。从企业层面看，企业应根据生产性服务业与制造业融合的不同模式，充分发挥价值链作用，针对不同类型的企业选择不同的融合模式，以实现融合效果的最大化，从而提升企业竞争力。

六、目前中国生产性服务业与制造业融合水平较低，没能有效发挥作用

（1）我国制造业与生产性服务业在总量上不断走向协调，这为生产性服务业与制造业融合发展提供有力的基础。同时，无论从科技人员数量，还是从科技开发经费以及科技成果来看，我国制造业科技创新能力均取得快速发展，有了较高水平的提高，这为制造业与生产性服务业的融合提供了基础。

（2）我国生产性服务业与制造业整体融合水平较低，石油加工、炼焦及核燃料加工业与生产性服务业融合水平最高，而有色金属冶炼及压延加工业与生产性服务业融合水平最低，生产性服务业与制造业各行业之间的融合度相差非常大，因此应根据制造业各行业特点，提高其产业融合水平，促进生产性服务业发展，进而提升制造业竞争力。

（3）从生产性服务业细分行业与制造业各行业平均融合水平来看，高端生产性服务业与制造业融合水平很低，传统生产性服务业融合水平相对较高，且行业间相差很大，这主要与我国生产性服务业内部构成有关，因此，应大力促进高端生产性服务业发展，优化生产性服务业内部结构。

（4）生产性服务业整体与资本密集型制造业融合水平最高，与技术密集型制造业融合水平次之，与劳动密集型制造业融合水平最低。从生产性服务业细分行业来看，交通运输、仓储和邮政业与资本密集型制造业融合水平最高；信息传输、计算机服务和软件业，租赁和商务服务业，科学研究、技术服务和地质勘查业这三个细分行业与技术密集型制造业融合水平最高；金融业与劳动密集型制造业融合水平最高。同时，这三种类型制造业与高端生产性服务业融合所占比重依然较低，因此，

应着力提高高端生产性服务业融合所占比重，根据现有的融合水平，制定不同的政策，促进生产性服务业发展。

（5）从地区来看，北京生产性服务业与制造业融合水平最高，远高于其他省市（自治区）和全国平均融合水平，并且除交通运输、仓储和邮政业外，其余四个细分行业与制造业的融合水平均为最高。各省市（自治区）间的融合水平差异较大，也呈现出各自的特点，例如，江苏生产性服务业与制造业融合水平较低。从区域层面来看，东部地区生产性服务业与制造业融合水平最高，西部地区的融合其次，而中部地区的融合水平最低。因此，各地区应根据自身的融合状况，制定不同的政策促进生产性服务业与制造业融合，进而促进生产性服务业发展和增强制造业竞争力。

第二节 政策建议

根据以上结论，我国应采取措施促进生产性服务业发展，加快生产性服务业与制造业融合发展，以提高生产性服务业与制造业的融合水平，从而提升和增强我国制造业竞争力，实现我国产业结构优化、经济结构向以服务经济为主发展，以及经济增长方式的转变。因此，本书提出以下政策建议：

一、制定合理促进生产性服务业发展的产业政策

为满足促进生产性服务业发展要求，政府应制定合理的产业发展政策，如放松经济性规制、改革激励机制，主要包括：一是制定合理的政府规制政策，注重政策间的协同性，建立科学的评价考核体系。目前，应加快政府职能改革，消除体制障碍和行政壁垒，厘清生产性服务业管理部门和企业间的关系，制定合理的规制政策；同时改革激励机制，改变目前更注重 GDP 的考核体系，将生产性服务业发展作为主要考核内

容，完善各部门间的信息交流机制和平台，建立科学的评价考核体系。这里需要考虑到我国各地区、各生产性服务业细分行业间发展的较大差异，应实行不同的分类考核体系，例如，由于东部和中西部地区生产性服务业发展对制造业竞争力提升作用大小不同，需要制定不同的考核体系，东部地区应更倾向于对高端生产性服务业发展的考核，中西部地区则注重对传统生产性服务业服务效率的考核。二是完善相关的政策法律法规体系。由于生产性服务业的异质性和知识性特点，需要一系列的相关政策和法律法规予以支持，不断促进生产性服务业发展。制定和修订生产性服务业统一的行业标准和服务标准，同时，完善有关市场秩序的法律法规体系，规范市场竞争主体行为，制定合理的各种优惠政策并确保政策的延续性。例如，由于生产性服务业涉及领域较广，且细分行业间差异性较大，不仅需要财税政策的大力支持、扶持和引导，同时在政策的实施过程中需要注重并加强中央与地方、产业与部门间的协同，构建一个相互促进、相互制约、共同协调发展的生产性服务业财税政策体系。中央与地方各相关部门应系统评估现行的生产性服务业财税政策，强化财税政策的协同性，适时清理或归并一些不符合当前发展要求的财税政策，关注不同地区异质性的财税政策对生产性服务业发展和市场秩序形成的冲击。三是发挥行业协会中介作用，构建国家、产业内部和行业自律的多层次、协调的生产性服务业监管体系。从发达国家的发展经验来看，在促进生产性服务业发展中行业协会具有重要的作用，因此，应借鉴发达国家成功经验，充分发挥行业协会中介作用。例如，充分发挥行业协会制定统一行业服务标准的作用，规范行业秩序，更好地参与政策的制定。同时，充分发挥行业协会在政府与企业、企业与社会之间的沟通桥梁作用，促进政府管理体制由直接管理向间接管理转变。因此，政府应积极支持生产性服务业行业协会的发展，形成政府、行业协会、生产性服务企业三者之间的协调配合。

二、建立科学合理的准入制度，形成有效的市场运行机制

目前，我国生产性服务业发展需要突破的是行业垄断、市场准入门槛以及市场透明度等方面存在的问题，而有效的市场运行机制，特别是竞争机制是解决这些问题的关键。改革目前阻碍生产性服务业发展的体制，加快对垄断性生产性服务业的改革力度，对于少数特殊行业和关系国家安全的生产性服务业，应制定严格的市场准入制度甚至限制，而对于其他一般的生产性服务业，应向市场放开，合理规范民间资本甚至外资参与国有生产性服务企业的改革。在这个过程中，对垄断行业中的自然垄断业务和非自然垄断业务区别对待，对于自然垄断性生产性服务业，如铁路、电信、民航，除关系国家安全和特殊的行业外，都允许非公有资本进入，发挥市场效应；对于非自然垄断性生产性服务业，如金融、保险、公路，分离部分服务环节，引入市场竞争机制，实现投资和经营多元化；对于事业性垄断行业，如教育、科学技术，按照一定的标准进行分类改革，例如，按照公共性、准公共性、营利性分类，制定不同的准入标准和政策措施。总体来看，应根据不同的生产性服务业类型，合理分类，制定公开透明、规范的生产性服务业准入制度。本书认为，生产性服务业服务效率是影响生产性服务业发展的一个重要因素，提高服务效率最重要的方法是引入市场竞争机制，因此，应不断引入各类经济主体参与竞争，创造公平竞争的市场环境。还有一个问题值得注意，目前由于部分生产性服务业行业的垄断性，政府对价格干预较多，应根据生产性服务业发展内在要求，逐渐放松对生产性服务业的价格控制，尽可能由市场进行定价，而对于某些必须由政府来完成的生产性服务业定价，则应提高定价的透明度，逐步实现指导性的市场定价。

三、完善人力资本培养机制，提升生产性服务业人力资本

生产性服务业的知识密集性决定了其对人才素质的高要求，如产品研发服务、金融服务、信息服务等均为人力资本密集型行业。目前，我

国虽有丰富的人力资源,但是人力资本质量和结构均不能满足实际需求,这就需要完善我国人力资本培养和开发机制,实施人才培养战略,提高人力资本开发环境,切实提高生产性服务业人力资本,不断提高生产性服务业人才的空间集聚,充分发挥人力资本对生产性服务业发展的关键作用。同时,生产性服务业各分行业间差异较大,对人力资本的要求也不同,因此,应结合生产性服务业细分行业的特点和对人力资本的不同要求,合理制定差异化的人力资本激励机制,鼓励生产性服务业人才流动,建立多层次的人才培养机制。例如,鼓励高等院校发展不同类型的生产性服务业专业教育,鼓励国内外著名培训机构进行有针对性的高层次人才培训,推行职业培训市场化,适时推出职业资格认证制度。同时,在我国生产性服务业相对发达的地区,建立相应的政策体系,鼓励各类生产性服务业人才的空间集聚。另外,由于目前我国的折旧政策中主要是用于固定资产折旧,而对人力资本等无形资产不予折旧,但实际上,人力资本具有较高的折旧率,因此,建议改变目前的财税折旧政策,考虑折旧生产性服务业人力资本,计入成本,不断发挥财税政策对生产性服务业的促进作用,这样也将极大鼓励企业对生产性服务业人力资本的投入,从而提升生产性服务业人力资本。

四、不断提升生产性服务业发展质量与集聚水平

为有效促进我国制造业特别是技术和知识含量越高的制造业竞争力的提升,充分利用生产性服务业发展对制造业竞争力提升的飞轮效应,在目前阶段,对于东部和中西部地区生产性服务业水平发展应制定不同的政策,东部地区应更倾向于发展高端生产性服务业,中西部地区则应重点提高传统生产性服务业服务效率。同时,应强化生产性服务业集聚,采取措施提升生产性服务业集聚水平。根据细分行业对制造业集聚和生产性服务业外部性效应的实证结果,在目前我国生产性服务业发展阶段,各地区应根据本地区制造业发展的阶段和特点,不断提升本地区生产性

服务业细分行业的专业化水平，促进同一生产性服务业细分行业产业内集聚。例如，东部地区积极提升高端制造业集聚水平，大力发展生产性服务业，增加生产性服务业的市场需求，形成制造业—生产性服务业集聚产业园，实现生产性服务业集聚发展。各地区间加强生产性服务企业间的联系，鼓励生产性服务企业间的交流合作，各地方政府采取措施减少生产性服务业溢出效应的制度约束，引导生产性服务业要素流动；同时，根据地区比较优势，促进具有优势的生产性服务业细分行业集聚。

五、构建良好的生产性服务业与制造业融合发展机制与环境

由于制造业与生产性服务业的天然关系，制造业是生产性服务业的需求主体，而生产性服务业将促进制造业竞争力的提升。目前，我国生产性服务业和制造业关系正处于共生互动发展到融合的转折阶段，生产性服务业与制造业融合将加速我国二元经济结构转型，提升我国产业国际竞争力。生产性服务业与制造业融合过程是技术含量增加与资源重新优化整合的过程。因此，应构建有利于生产性服务业与制造业融合发展的机制和环境，主要从以下方面着手：一是由于生产性服务业与制造业都是以现代信息技术为主要支撑，现代信息技术将成为连接制造业和生产性服务业的纽带，因此，应制定合理的产业政策以促进现代信息技术发展，提高信息化水平。二是大力促进生产性服务业外包。鼓励制造业企业向服务业延伸，如前期的产品研发与设计，中期的产品管理与融资以及后期的物流与销售等服务；同时将一些生产性服务外包以降低生产成本，不断扩大生产性服务需求，从而促进生产性服务业发展，实现规模化和专业化。另外，加强与国际知名生产性服务企业合作，学习和借鉴它们的成功经验，输出服务产品，参与国际市场竞争，从而增强我国生产性服务业创新能力，提升生产性服务水平。三是鼓励研发投入，鼓励产业技术创新。技术创新是生产性服务业和制造业融合的先决条件，建立以生产性服务企业为主体的产业技术创新体系，促进传统生产性服务业技术革新,创造更高的产品附加值和更大的利润空间,改变目前我国传统生产性服务业占主导地位的格局,不断发展高端生产性服务业,延伸生产性服务业价值链,提高我国生产性服务业竞争力。四是基于目前我国生产性服务业与制造业融合的最优结合点进行选择、比较和借鉴。例如,从行业层面看,生产性服务业与印刷业和记录媒介的复制融合较高,且在细分行业中,信息传输、计算机服务和软件业,金融业,租赁和商务服务业均与印刷业和记录媒介的复制融合水平最高,这样,可以以其为样本,制定合适的政策促进生产性服务业与其他行业间的融合;同样,从地区层面看,北京生产性服务业与制造业融合水平最高,远高于其他省市(自治区)和全国平均融合水平,并且除交通运输、仓储和邮政业外,其余四个细分行业与制造业的融合水平均为最高的地区。因此,其他地区可以借鉴比较,制定不同的政策促进地区生产性服务业与制造业融合。

第三节 研究展望

本书从理论上分析生产性服务业对制造业竞争力提升的作用机理,以及生产性服务业与制造业的融合过程模型、融合效应和融合模式,实证分析了生产性服务业提升制造业竞争力的作用,生产性服务业发展的影响因素,以及从行业和地区层面测算生产性服务业与制造业融合水平。但本书的研究还存在一定的局限性,以期在以后的研究中不断完善,主要为以下两个方面:

(1)本书对生产性服务业与制造业融合进行理论分析,认为这将促进制造业竞争力的提升,但是需要在实践中去检验,特别是目前在我国制造企业和生产性服务企业发展过程中,较少有融合的成功案例,需要企业不断去探索采用何种模式取得的效应最佳。

(2)本书运用投入产出表定量测算生产性服务业与制造业融合水

平，但是这种测算由于数据的问题没能考虑动态变化，这将在一定程度上影响对产业融合程度及其发展的判断。同时，这种方法也只是近似的计算方法，需要在以后的研究中不断探索新方法，从而进行产业融合的测算。

参考文献

[1] Alonso-Villar O., Chamorro-Rivas J-M. How Do Producer Services Affect the Location of Manufacturing Firms? *The Role of Information Accessibility. Environment and Planning A*, 2001, 33:1621-1642.

[2] Andersson M. Co-location of Manufacturing & Producer Services: A Simultaneous Equation Approach. CESIS, Working Paper, No.8, 2004.

[3] Araujo L., Spring M. Services, Products, and the Institutional Structure of Production. *Industrial Marketing Management*, 2006, 7:797-805.

[4] Athreye S., Keeble D. Technological Convergence, Globalisation and Ownership in the UK Computer Industry. *Technovation*, 2000, 20:227-245.

[5] Bailly A. S. Producer Services Research in Europe. *Professional Geographer*, 1995, 47:70-74.

[6] Bathla. Inter-sectoral Growth Linkages in India: Implications for Policy and Liberalized Reforms. Http: / /ieg.nic.in /dis- seema-77.pdf, 2003.

[7] Bhagwati J. N. Splintering and Disembodiment of Services and Developing Countries. *The World Economy*, 1984, 7: 133-143.

[8] Brand S. *The Media Lab: Inventing the Future at MIT*. New York: Viking Press, 1987.

[9] Browning H. L., Singelmann J. The Emergence of a Service Society: Demographic and Sociological Aspects of the Sectoral Transformation of the Labor Force in the USA. *Springfield, Va.: National Technical*

Information Service, 1975: 15-32.

[10] Cameron G., Proudman J., Redding Technological Convergence, R & D, Trade and Productivity Growth. *European Economic Review*, 2005, 49: 775-807.

[11] Ciccone A., Hall E. Productivity and the Density of Economic Activity. *American Economic Review*, 1996, 86(1): 54-70.

[12] Coffey W. J., Bailly A. S. Producer Services and Flexible Production: An Exploratory Analysis. *Growth and Change*, 1991, 22(4): 95-117.

[13] Cohen S., Zysman J. Manufacturing Matters: the Myth of the Post-industrial Economy. Basic Books, New York, 1987.

[14] Curran C., et al. Anticipating Converging Industries Using Publicly Available Data. *Technological Forecasting & Social Change*, 2010, 77: 385-395.

[15] Daniels P. W. Some Perspectives on the Geography of Services. *Progress in Human Geography*, 1989, 13: 427-37.

[16] Daniels P. W. Producer Services Research in the United Kingdom. *Professional Geographer*, 1995, 47: 82-87.

[17] Daniels P W.Economic Development and Producer Services Growth: The APEC Experience. *Asia Pacific Viewpoint*, 1998, 39: 145-159.

[18] Daniels P. W, Bryson J. R. Manufacturing Services and Servicing Manufacturing: Knowledge-based Cities and Changing Forms of Production. *Urban Studies*, 2002, 39: 977-991.

[19] David T. L. Industry Evolution and Competence Development: The Imperatives of Technological Convergence. *International Journal of Technology Management*, 2000, 19: 699-738.

[20] Davies, A. Moving Base into High-Value Integrated Solutions: A Value Stream Approach. *Industrial and Corporate Change*, 2004, 13: 727.

[21] Dixit A. K., Stiglitz J E. Monopolistic Competition and Optimum Product Diversity. *American Economic Review*, 1977, 67: 297-308.

[22] Either W. National and International Returns to Scale in the Modern Theory of International Trade. *American Economic Review*, 1982, 72: 389-405.

[23] Eswaran M., Kotwal K. The Role of the Service Sector in the Process of Industrialization. *Journal of Development Economics*, 2001, 68:401-420.

[24] Fai F. M., Tunzelmann N. Industry-specific Competencies and Converging Technological Systems: Evidence from Patents. *Structural Change and Economic Dynamics*, 2001, 12(2): 141-170.

[25] Francois J. F. Producer Services, Scale, and the Division of Labor. *Oxford Economic Papers*, 1990, 42(4): 715-729.

[26] Fujita M., Krugman P., Vensbles A. J. *Spatial Economy: Cities, Regions and International Trade*. Cambridge: Cambridge University Press, 1999.

[27] Gambardella A., Torrisi S. Does Technological Convergence Imply Convergence in Markets? Evidence from the Electronics Industry. *Research Policy*, 1998, 27: 445-463.

[28] Glasmeier A. and Howland M. Service-led Rural Development: Definitions Theories and Empirical Evidence. *International Regional Science Review*, 1994, (16): 197—229.

[29] Goe W. R. The Growth of Producer Services Industries: Sorting Through the Externalization Debate. *Growth and Change*, 1991, 22(4): 118-141.

[30] Goe W. R. The Producer Services Sector and Development Within the Deindustrializing Urban Community. *Social Forces*, 1994:971-1009.

[31] Goodman B., Steadman R. Services: Business Demand Rivals Consumer Demand in Driving Job Growth. *Monthly Labor Review*, 2002, 125(4):

3-16.

[32] Greenfield H. I. *Manpower and the Growth of Producer Services*. New York: New York University Press, 1966.

[33] Greenstein S., Khanna T. *What Does Industry Convergence Mean?* Boston: Harvard Business School Press, 1997.

[34] Grubel H. G., Walker M. Service Industry Growth: Causes and Effects. *Fraser Institute*. 1989: 168-225.

[35] Guerrieri, Meliciani. *International Competitiveness in Producer Services*. Paper Presented at the SETI meeting Rome, 2003.

[36] Guerrieri P., Meliciani V. Technology and International Competitiveness: The Interdependence Between Manufacturing and Producer Services. *Structural Change and Economic Dynamics*, 2005, 16(4): 489-502.

[37] Gummesson E. Service Management: An Evaluation and the Future. *International Journal of Service Industry Management*, 1994, 5: 77-96.

[38] Hacklin F., Raurich V., Marxt C. Implications of Technological Convergence on Innovation Trajectories: The Case of ICT Industry. *International Journal of Innovation and Technology Management*, 2005, 2: 313-330.

[39] Hacklin F. *Management of Convergence in Innovation-Strategies and Capabilities for Value Creation Beyond Blurring Industry Boundaries*. Heidelberg: Physica-Verlag, 2008.

[40] Hacklin F., Marxt C., Fahrni F. An Evolutionary Perspective on Convergence: Inducing a Stage Model of Inter-industry Innovation. *International Journal of Technology Management*, 2010, 49: 220-249.

[41] Hacklin F., Marxt C. Assessing R&D Management Strategies for Wireless Applications in a Converging Environment. Proceedings of

The R&D Management Conference, Manchester, England, July 2003.

[42] Hansen N. Do Producer Services Induce Regional Economic Development? *Journal of Regional Science*, 1990, 30(4): 465-476.

[43] Hansen N. Factors in Danish Field: How High-wage, Flexible Production has Succeeded in Peripheral Jutland. *International Regional Science Review*, 1991, 14: 109-132.

[44] Harrington J. W., Producer Services Research in US Regional Studies. *The Professional Geographer*, 1995, 47:87-96.

[45] Harrington J. W., Campbell H S. The Suburbanization of Producer Service Employment. *Growth and Change*, 1997, 28(3): 335-359.

[46] Hayes R. H. Strategic Planning-forward in Reverse. *Harvard Business Review*.1984, November -December: 115-119.

[47] Hayes R. H., Wheelwright S. C. *Restoring Our Competitive Edge: Competing Through Manufacturing*. New York: Wiley, 1985.

[48] Hockers K. Innovation of Eco-efficient Service: Increasing the Efficiency of Products and Services. Charter, M. J. Eds. *Greener marketing*. Sheffield: Greenleaf.1999.

[49] Juleff-Tranter L. E. Advanced Producer Services: Just a Service to Manufacturing? *The Service Industries Journal*, 1996, 16:389-400.

[50] Karaomerioglu, Carlaaon B. Manufacturing in Decline? A Matter of Definition. *Economy, Innovation, New Technology*, 1999, 8: 175-196.

[51] Karl L., George E. B. Firm Size, Age and Efficiency: Evidence from Kenyan Manufacturing Firms. *Journal of Development Studies*, 2000, 36: 146-163.

[52] Karlsson C. ICT, Functional Urban Regions and the New Economic Geography, The Royal Institute of Technology Centre of Excellence for Studies in Science and Innovation. Working Paper, September 2004.

[53] Klodt H. Structural Change Towards Services: The German Experience. University of Birmingham IGS Discussion Paper, 2000.

[54] Krugman P. New Theories of Trade and Industrial Countries. *American Economic Review*, 1983, 73(2): 343-347.

[55] Krugman P. Competitiveness: A Dangerous Obsession. *Foreign Affairs*, 1993, 73(2): 28-46.

[56] Lei D. Industry Evolution and Competence Development: The Imperatives of Technological Convergence. *International Journal of Technology Management*, 2000, 19: 699-738.

[57] Lindahl D. P., Beyers W. B. The Creation of Competitive Advantage by Producer Service Establishments. *Economic Geography*, 1999, 75: 1-20.

[58] Lind J. Ubiquitous Convergence: Market Redefinitions Generated by Technological Change and the Industry Life Cycle. *Proceedings of the DRUID Academy Winter 2005 Conference*, Skorping, Denmark, 2005.

[59] Lundvall B., Borras B. The Globalizing Learning Economy: Implication for Innovation Policy TESER Programmer Report, DG. Commission of the European Union, 1998.

[60] Malhotra A. Firm Strategy in Converging Industries: An Investigation of US Commercial Bank Responses to US Commercial Investment Banking Convergence. PhD Thesis, Maryland University, 2001.

[61] Marceau J., Martinez C. Selling Solutions: Product Service Packages as Links Between New and Old Economic. Paper to be presented at the DRUID Summer Conference on Industrial Dynamics of the New and Old Economy — Who is Embracing Whom ?, Copenhagen/ Elsinore, June 2002.

[62] Markusen J R. Trade in Producer Services and in Other Specialized Intermediate Inputs. *The American Economic Review*, 1989, 79(1): 85-

95.

[63] Markusen J. R. The Boundaries of Multinational Enterprises and the Theory of International Trade. *The Journal of Economic Perspectives*, 1995, 8:169-189.

[64] Marshall J., Wood P. Understanding the Location Role of Producer Services in the United Kingdom .*Environment and Planning A*, 1987, 19(5): 575-595.

[65] Martinez V., et al. Challenges in Transforming Manufacturing Organizations into Product-Service Providers. *Journal of Manufacturing Technology Management*, 2009, 21: 449-469.

[66] Moyart L. The Role of Producer Services in Regional Development: What Opportunities for Medium-Sized Cities in Belgium?. *The Service Industries Journal*, 2005, 25(2): 213-228.

[67] Niedergassel B., Curran C. S., LeBing M., Leker J. What Drives Partners in Industry-academia Cooperation?. *International Journal of Technology Intelligence and Planning*, 2007, 3: 331-342.

[68] O'Farrell P. N., Hitchens D. M. Producer Services and Regional Development: A Review of Some Major Conceptual Policy and Research Issues. Environment and Planning A, 1990, 22: 1141-1154.

[69] O'Farrell P. N. Manufacturing Demand for Business Services. *Cambridge Journal of Economics*, 1995, 19: 523.

[70] Oral M. A. Methodology for Competitiveness Analysis and Strategy Formulation in Glass Industry. *European Journal of Operational Research*, 1993, 66: 14.

[71] Oral M., Cinar U., Chabchoub H. Linking Industrial Competitiveness and Productivity at the Firm Level. *European Journal of Operational Research*, 1993, 118: 271-277.

[72] *Journal of the Operational Research Society*, 1986, 37(4): 345-356.

[73] Pappas N., Sheehan P. The New Manufacturing: Linkage Between Production and Service Activities. Sheehen P. and Tegart G. eds. *Working for the Future*. Melbourne: Victoria University Press, 1998.

[74] Park S. H., Chan K. S., A Cross-country Input-output Analysis of Intersectoral Relationships Between Manufacturing and Services and Their Employment Implications. *World Development*, 1989, 17: 199-212.

[75] Park S. H. Intersectoral Relationships Between Manufacturing and Services: New Evidence from Selected Pacific Basin Countries, *ASEAN Economic Bulletin*, 1994, 10: 245-263.

[76] Pennings J. M., Purannam P. Market Convergence and Firm Strategy: New Directions for Theory and Research. ECIS Conference, the Future of Innovation Studies, Eindhoven, The Netherlands, 2001.

[77] Porter M. E. *Competitive Strategy: Techniques for Analyzing Industries and Competitors*. London: Free Press, New York/Collier Macmillan, 1980.

[78] Porter M. E. *Competitive Advantage: Creating and Sustaining Superior Performance*. London: Free Press, New York/Collier Macmillan, 1985.

[79] Porter M. E. *The Competitive Advantage of Nations*. London: Free Press, New York/Collier Macmillan, 1990.

[80] Raff H., Ruhr M. Foreign Direct Investment in Producer Services: Theory and Empirical Evidence. *Applied Economics Quarterly*, 2007, 53(3): 299-321.

[81] Rosenberg N. Technological Change in the Machine Tool Industry: 1840-1910. *The Journal of Economic History*, 1963, 23: 414-446.

[82] Rowthron R., Ramaswamy R. Growth, Trade and Deindustrialization.

IMF Staff Papers, 1999, 46(1): 18-41.

[83] Shearmur R., Doloreux D. Urban Hierarchy or Local Buzz? High-Order Producer Service and (or) Knowledge-Intensive Business Service Location in Canada, 1991-2001. *The Professional Geographer*, 2008, 60(3): 333-355.

[84] Shugan S. M. *Explanations for the Growth of Services in Rust RT, Oliver RT, Editors Service Duanlity: New Direction in Theory and Practice Thousand Oaks*. CA: Sage Publication, 1994.

[85] Stieglitz N. Digital Dynamics and Types of Industry Convergence: The Evolution of the Handheld Computers Market in the 1990s and Beyond. In Christensen J. F., Maskell P., ed. *The Industrial Dynamics of the New Digital Economy*, Cheltenham: Edward Elgar, 2003: 179-208.

[86] Tschetter J. Producer Services Industries: Why Are They Growing So Rapidly?. *Monthly Labor Review*, 1987, 12:31-40.

[87] Vandermerwe S. S., Rada J. Servitization of Business: Adding Value by Adding Services. *European Management Journal*, 1988, 6:314-324.

[88] Wan X., Xuan Y., Lv K. Measuring Convergence of China's ICT Industry: An Input-output Analysis. *Telecommunications Policy*, 2011, 35: 301-313.

[89] Watts H. D. Producer Services, Industrial Location and Uneven Development. *Area*, 1987, 19(4): 353-355.

[90] Weitzman M. L. Monopolistic Competition with Endogenous Specialization. *Review of Economic Studies*, 1994, 61: 45-56.

[91] Wernerheim C. M., Sharpe C., "High Order" Producer Services in Metropolitan Canada: How Footloose Are They?. *Regional Studies*, 2003, 37: 469-490.

[92] White A. L., Stoughton M., Feng L. Servicizing: The Quiet Transition

to Extended Product Responsibility. U. S. Environmental Protection Agency Office of Solid Waste, May 1999.

[93] Wirtz B. W. Convergence Processes, Value Constellations and Integration Strategies in the Multimedia Business. *International Journal on Media Management*, 1999, 1:14-22.

[94] Wirtz B W. Reconfiguration of Value Chains in Converging Media and Communications Markets. *Long Rang Planning*, 2001, 34:489-507.

[95] Young A A. Increasing Returns and Economic Progress. *The Economic Journal*, 1928, 38: 527-542.

[96] 毕斗斗．生产服务业发展研究．北京：经济科学出版社，2009．

[97] 毕斗斗，方远平，BrysonJohn 等．中国生产性服务业发展水平的时空差异及其影响因素——基于省域的空间计量分析．经济地理，2015，35（8）：104—113．

[98] 宾建成．欧美"再工业化"趋势分析及政策建议．国际贸易，2011，（2）：23—25．

[99] 陈赤平，谷佳．湖南省生产性服务业空间集聚及其影响因素研究——基于城市空间面板模型．湖南城市学院学报，2016，（2）：1—7．

[100] 并木信义．瑕瑜互见——日美产业比较（中译本），北京：中国财政经济出版社，1990．

[101] 陈丰龙，徐康宁．本土市场规模与中国制造业全要素生产率．中国工业经济，2012，（5）：44—56．

[102] 陈红霞，李国平．中国生产性服务业集聚的空间特征及经济影响．经济地理，2016，36（8）：113—119．

[103] 陈建军，陈国亮，黄洁．新经济地理学视角下的生产性服务业集聚及其影响因素研究．管理世界，2009，（4）：83—95．

[104] 陈建军，陈菁菁．生产性服务业与制造业的协同定位研究——以

浙江省69个城市和地区为例.中国工业经济,2011,(6):141—150.

[105] 陈立敏,谭力文.评价中国制造业国际竞争力的实证方法研究——兼与波特指标及产业分类法比较.中国工业经济,2004,(5):30—37.

[106] 陈强.高级计量经济学及Stata应用.高等教育出版社,2010.

[107] 陈伟达,张宇.生产者服务业对制造业竞争力提升的影响研究——基于我国投入产出表的实证分析.东南大学学报(哲学社会科学版),2009,(3):67—71.

[108] 陈宪,黄建锋.分工,互动与融合:服务业与制造业关系演进的实证研究.中国软科学,2004,(10):65—71.

[109] 陈晓峰.生产性服务业与制造业互动融合:特征分析、程度测算及对策设计——基于南通投入产出表的实证分析.华东经济管理,2012,(12):9—13.

[110] 程大中.生产者服务论—兼论中国服务业发展与开放.上海:文汇出版社,2006.

[111] 程大中.中国生产性服务业的水平、结构及影响——基于投入—产出法的国际比较研究.经济研究,2008,(1):76—88.

[112] 程皓,阳国亮,欧阳慧.供给侧结构性改革背景下的中国制造业发展研究.广西师范学院学报(哲学社会科学版),2017,38(1):85—92.

[113] 代伊博.生产者服务业对制造业发展的作用及机制研究.武汉:武汉大学,2011.

[114] 冯海华,王珏.生产者服务业与制造业互动发展的实证研究——以江苏省为例.审计与经济研究,2007,(5):88—92.

[115] 冯泰文.生产性服务业的发展对制造业效率的影响——以交易成本和制造成本为中介变量.数量经济技术经济研究,2009,(3):

56—65.

[116] 高传胜.中国生产者服务对制造业升级的支撑作用——基于中国投入产出数据的实证研究.山西财经大学学报,2008,(1):44—50.

[117] 高觉民,李晓慧.生产性服务业与制造业的互动机理:理论与实证.中国工业经济,2011,(1):151—160.

[118] 顾乃华.我国服务业对工业发展外溢效应的理论和实证分析.统计研究,2005,(12):9—13.

[119] 顾乃华,毕斗斗,任旺兵.中国转型期生产性服务业发展与制造业竞争力关系研究.中国工业经济,2006,(9):14—21.

[120] 顾乃华.生产性服务业对工业获利能力的影响和渠道——基于城市面板数据和SFA模型的实证研究.中国工业经济,2010,(5):48—58.

[121] 顾乃华.我国城市生产性服务业集聚对工业的外溢效应及其区域边界——基于HLM模型的实证研究.财贸经济,2011,(5):115—122.

[122] 韩德超,张建华.中国生产性服务业发展的影响因素研究.管理科学,2008,(6):81—87.

[123] 韩国高,高铁梅,王立国等.中国制造业产能过剩的测度、波动及成因研究.经济研究,2011,(12):18—31.

[124] 韩坚.生产性服务业与专业化分工:促进工业生产效率提高的新途径.学术交流,2008,(1):93—96.

[125] 黄莉芳,黄良文,郭玮.生产性服务业提升制造业效率的传导机制检验——基于成本和规模中介效应的实证分析.财贸研究,2012,(3):22—30.

[126] 黄庆波,赵忠秀.世界制造业向中国转移与环境污染——基于协整理论与格兰杰因果关系检验.中央财经大学学报,2011,(3):

44—49.

[127] 黄琼.中国生产性服务业发展困境与应对战略选择.未来与发展,2013,36(4):31—34.

[128] 胡国平等.都市生产性服务业外向发展机制及影响因素——基于我国15个副省级城市1999—2008年面板数据的研究.宏观经济研究,2012,(3):40—47.

[129] 胡汉辉,邢华.产业融合理论以及对我国发展信息产业的启示.中国工业经济,2003,(2):23—29.

[130] 胡际,陈雯.生产者服务业对第二产业TFP影响的实证分析.财经问题研究,2012,(2):33—39.

[131] 胡晓鹏.生产性服务业的分类统计及其结构优化——基于生产性服务业与制造业互动的视角.财经科学,2008,(9):86—94.

[132] 胡晓鹏,李庆科.生产性服务业与制造业共生关系研究——对苏、浙、沪投入产出表的动态比较.数量经济技术经济研究,2009,(2):33—46.

[133] 胡永佳.产业融合的经济学分析.北京:中国经济出版社,2008.

[134] 江静,刘志彪,于明超.生产者服务业发展与制造业效率提升:基于地区和行业面板数据的经验分析.世界经济,2007,(8):52—62.

[135] 江静,刘志彪.生产性服务发展与制造业在全球价值链中的升级——以长三角地区为例.南方经济,2009,(11):36—44.

[136] 江静,刘志彪.世界工厂的定位能促进中国生产性服务业发展吗.经济理论与经济管理,2010,(3):62—68.

[137] 江茜,王耀中.生产性服务业集聚与制造业竞争力.首都经济贸易大学学报,2016,(1):74—80.

[138] 江小涓,李辉.服务业与中国经济:相关性和加快增长的潜力.经济研究,2004,(1):4—15.

[139] 金碚. 竞争力经济学. 广州：广东经济出版社，2003.

[140] 金碚，李钢，陈志. 加入WTO以来中国制造业国际竞争力的实证分析. 中国工业经济，2006，（10）：5—14.

[141] 金碚，李钢，陈志. 中国制造业国际竞争力现状分析及提升对策. 财贸经济，2007，（3）：3—10.

[142] 吉亚辉，段荣荣. 生产性服务业与制造业协同集聚的空间计量分析——基于新经济地理学视角. 中国科技论坛，2014，（2）：79—84.

[143] 柯丽菲. 新经济地理学视角下生产性服务业集聚影响因素的国际比较研究. 学术论坛，2016，（10）：49—52.

[144] 孔婷，孙林岩，冯泰文. 生产性服务业对制造业效率调节效应的实证研究. 科学学研究，2010，（3）：357—364.

[145] 兰建平. 浙江省制造业创新综合百强分析研究. 浙江社会科学，2017，（7）：43—50.

[146] 李冠霖. 第三产业投入产出分析——从投入产出角度看第三产业的产业关联与产业波及特性. 北京：中国物价出版社，2002.

[147] 李江帆，朱胜勇. "金砖四国"生产性服务业的水平、结构及影响—基于投入产出法的国际比较研究. 上海经济研究，2008，（9）：3—10.

[148] 李廉水. 中国制造业发展研究报告2012. 北京：科学出版社，2012.

[149] 李美云. 国外产业融合研究新进展. 外国经济与管理，2005，（12）：12—20.

[150] 李美云. 论服务业的跨产业渗透与融合. 外国经济与管理，2006，（10）：25—42.

[151] 李美云. 服务业的产业融合与发展. 北京：经济科学出版社，2007.

[152] 李娜娜. 中国在全球价值链中的地位测度研究. 安徽大学, 2017.

[153] 李平, 李晓华. 中国制造业发展的成就、经验与问题研究. 中国工程科学, 2015, (7): 41—48.

[154] 李善同, 高传胜. 中国生产者服务业发展与制造业升级. 上海: 上海三联书店, 2008.

[155] 刘纯彬, 杨仁发. 基于产业融合的我国生产性服务业发展研究. 经济问题探索, 2011, (9): 69—73.

[156] 刘纯彬, 杨仁发. 中国生产性服务业发展的影响因素研究——基于地区和行业面板数据的分析. 山西财经大学学报, 2013, (4): 30—37.

[157] 刘军, 程中华, 李廉水. 中国制造业发展: 现状、困境与趋势 [J] 阅江学刊, 2015, (8): 15—21.

[158] 刘明宇, 芮明杰, 姚凯. 生产性服务价值链嵌入与制造业升级的协同演进关系研究. 中国工业经济, 2010, (8): 66—75.

[159] 刘鹏, 刘宇翔. 基于产业价值链的生产性服务业与制造业的融合. 科技情报开发与经济, 2008, (9): 113—115.

[160] 刘书瀚、张瑞、刘立霞. 中国生产性服务业和制造业的产业关联分析. 南开经济研究, 2010, (6): 65—74.

[161] 刘徐方. 现代服务业融合发展的动因分析. 经济与管理研究, 2010, (1): 40—44.

[162] 刘亚军. 城市化进程与服务业、制造业发展的关系——一个新兴古典经济学的分析方法. 华东经济管理, 2009, 23 (10): 47—51.

[163] 刘奕, 夏杰长, 李垚. 生产性服务业集聚与制造业升级. 中国工业经济, 2017, (7): 24—42.

[164] 刘志彪. 发展现代生产者服务业与调整优化制造业结构. 南京大学学报 (哲学. 人文科学. 社会科学), 2006, (5): 36—44.

[165] 刘志彪. 全球价值链中我国外向型经济战略的提升——以长三角地区为例. 中国经济问题, 2007, (1): 9—17.

[166] 李小平, 朱钟棣. 中国工业行业的全要素生产率测算——基于分行业面板数据的研究. 管理世界, 2005, (4): 56—64.

[167] 厉无畏. 产业融合与产业创新. 上海管理科学, 2002, (4): 4—6.

[168] 路红艳. 生产性服务与制造业结构升级——基于产业互动, 融合的视角. 财贸经济, 2009, (9): 126—131.

[169] 陆小成. 生产性服务业与制造业融合的知识链模型. 情报杂志, 2009, (2): 117—124.

[170] 吕政. 中国生产性服务业发展的战略选择——基于产业互动的研究视角. 中国工业经济, 2006, (8): 5—12.

[171] 马健. 产业融合理论研究评述. 经济学动态, 2002, (5): 78—81.

[172] 马健. 产业融合识别的理论探讨. 社会科学辑刊, 2005, (3): 86—89.

[173] 马健. 产业融合论. 南京: 南京大学出版社, 2006.

[174] 马健. 产业融合: 信息化推动新型工业化的战略选择. 华东经济管理, 2008, (2): 70—73.

[175] 马龙龙. 生产性服务业与地区增长. 经济理论与经济管理, 2011, (4): 55—63.

[176] 马卫红. 生产者服务业发展的影响因素研究——以长三角地区为例的实证分析. 经济与管理, 2012, (2): 63—67.

[177] 聂子龙, 李浩. 产业融合中的企业战略思考. 软科学, 2003, (2): 80—83.

[178] 庞博慧, 郭振. 生产性服务业和制造业共生演化模型研究. 经济管理, 2010, (9): 28—35.

[179] 千庆兰. 中国地区制造业竞争力新论. 北京: 科学出版社, 2006.

[180] 钱学锋等.进口种类与中国制造业全要素生产率.世界经济，2011，（5）：3—25.

[181] 乔均，施建军.生产性服务业与制造业互动发展研究评述.经济学动态，2009，（11）：130—135.

[182] 邱灵，申玉铭，任旺兵.国内外生产性服务业与制造业互动发展的研究进展.世界地理研究，2007，（3）：71—77.

[183] 齐鹰飞，赵旭霞.产能过剩源于财政刺激吗?.经济社会体制比较，2015，（6）.

[184] 仟旺兵，刘中显.我国制造业发展转型期生产性服务业发展问题.北京：中国计划出版社，2008.

[185] 尚于力，申玉铭，邱灵.我国生产性服务业的界定及其行业分类初探.首都师范大学学报（自然科学版），2008，（3）：87—94.

[186] 单元媛，赵玉林.国外产业融合若干理论问题研究进展，2012，（5）：152—160.

[187] 盛丰.生产性服务业集聚与制造业升级：机制与经验——来自230个城市数据的空间计量分析.产业经济研究，2014，（2）：32—39.

[188] 盛龙，陆根尧.中国生产性服务业集聚及其影响因素研究——基于行业和地区层面的分析.中国空间经济学年会，2012.

[189] 申玉铭等.中国生产性服务业产业关联效应分析.地理学报，2007，（8）：821—830.

[190] 孙林岩，李刚，江志斌.21世纪的先进制造模式——服务型制造.中国机械工程，2007，（19）：2307—2312.

[191] 孙林岩.服务型制造理论与实践.北京：清华大学出版社，2009.

[192] 唐强荣，徐学军，何自力.生产性服务业与制造业共生发展模型及实证研究.南开管理评论，2008，（12）：20—26.

[193] 唐晓华，陈阳，张欣钰.中国制造业集聚程度演变趋势及时空特

征研究.经济问题探索,2017,(5):172—181.

[194] 唐昭霞,朱家德.产业融合对产业结构演进的影响分析.理论与改革,2008,(1):83—86.

[195] 童洁,张旭梅,但斌.制造业与生产性服务业融合发展的模式与策略研究.软科学,2010,(2):75—78.

[196] 汪德华,江静,夏长杰.生产性服务业与制造业融合对制造业升级的影响——基于北京市与长三角地区的比较分析.首都经济贸易大学学报,2010,(2):15—22.

[197] 王保伦,路红艳.生产性服务业与地区产业竞争力的提升.经济问题探索,2007,(7):11—15.

[198] 王瑞.中国生产性服务业发展过程、问题与对策研究.国际商务,2011,(1):77—85.

[199] 王亚男.两化融合中我国制造业的机遇、挑战与发展.北京邮电大学学报(社会科学版),2011,(2):75—82.

[200] 翁古小凤,熊健益.中国生产性服务业发展统计分析.经济研究导刊,2016,(30):22—25,167.

[201] 吴晓云.我国各省区生产性服务业效率测度.山西财经大学学报,2010,(6):72—77.

[202] 吴义爽,徐梦周.制造企业"服务平台"战略、跨层面协同与产业间互动发展.中国工业经济,2011,(11):48—58.

[203] 肖文,樊文静.产业关联下的生产性服务业发展——基于需求规模和需求结构的研究.经济学家,2011,(6):72—80.

[204] 宣烨.生产性服务业空间集聚与制造业效率提升——基于空间外溢效应的实证研究.财贸经济,2012,(4):121—128.

[205] 徐斌.江苏制造业竞争力研究.北京:科学出版社,2009.

[206] 许冰.全要素生产率测算的半参数估计方法及其应用.统计与信息论坛,2008,(4):37—40.

[207] 徐雷, 郑理. 资本密集型投资偏好、城镇化发展与城乡收入差距. 经济与管理研究, 2016, (1): 13—21.

[208] 徐学军, 唐强荣, 樊奇. 中国生产性服务业与制造业种群的共生——基于 Logistic 生长方程的实证研究. 管理评论, 2011, (9): 152—159.

[209] 杨洪焦, 孙林岩, 宫俊涛. 区域制造业竞争力评价体系研究. 经济问题探索, 2007, (7): 125—128.

[210] 杨仁发, 张爱美. 中国生产性服务业与制造业协调发展研究. 经济纵横, 2008, (6): 57—59.

[211] 杨仁发, 刘纯彬. 生产性服务业与制造业融合背景的产业升级. 改革, 2011, (1): 40—46.

[212] 于刃刚, 李玉红. 产业融合对产业组织政策的影响. 财贸经济, 2004, (10): 18—22.

[213] 于刃刚, 李玉红. 产业融合论. 北京: 人民出版社, 2006.

[214] 于文涛. 中国生产性服务业发展的对策建议. 宏观经济管理, 2008, (2): 31—32.

[215] 余东华. 产业融合与产业组织结构优化. 天津社会科学, 2005, (3): 72—76.

[216] 余泳泽等. 生产性服务业集聚对制造业生产效率的外溢效应及其衰减边界. 金融研究, 2016, (2): 23—36.

[217] 郁明华, 陈抗. 国外产业融合理论研究的新进展. 现代管理科学, 2006, (2): 36—38.

[218] 喻春娇, 肖德, 胡小洁. 武汉城市圈生产性服务业对制造业效率提升作用的实证. 财经问题研究, 2012, (5): 93—98.

[219] 喻美辞. 生产性服务业发展对珠三角制造业竞争力的影响. 华南农业大学学报(社会科学版), 2010 (3): 58—66.

[220] 张诚, 赵奇伟. 中国服务业外商直接投资的区位选择因素分析. 财

经研究, 2008, (12): 38—52.

[221] 张明霞, 叶怀斌. 附加值分解视角下的中国制造业发展趋势. 中国物价, 2017, (3): 73—76.

[222] 张世贤. 工业投资效率与产业结构变动的实证研究——兼与郭克莎博士商榷. 管理世界, 2000, (5): 79—85.

[223] 张菀航. 创新进阶: 中国制造业的路径选择. 中国发展观察, 2017, (7): 15—18.

[224] 张旭梅, 郭佳荣, 张乐乐. 现代制造服务的内涵及其运营模式研究. 科技管理研究, 2009, (9): 227—229.

[225] 赵文丁. 新型国际分工格局下中国制造业的比较优势. 中国工业经济, 2003, (8): 32—37.

[226] 赵彦云. 中国制造业产业竞争力评价分析. 经济理论与经济管理, 2005, (5): 23—30.

[227] 赵彦云, 秦旭, 王杰彪. "再工业化"背景下的中美制造业竞争力比较. 经济理论与经济管理, 2012, (2): 81—88.

[228] 甄峰, 刘慧, 郑俊. 城市生产性服务业空间分布研究: 以南京为例. 世界地理研究, 2008, 17 (1): 24—31.

[229] 郑明高. 产业融合: 产业经济发展的新趋势. 北京: 中国经济出版社, 2011.

[230] 植草益. 信息通讯业的产业融合. 中国工业经济, 2001, (2): 24—27.

[231] 周丹, 应瑛. 生产性服务业与制造业互动综述与展望. 情报杂志, 2009, (8): 200—206.

[232] 周升起, 兰珍先, 付华. 中国制造业在全球价值链国际分工地位再考察——基于Koopman等的"GVC地位指数". 国际贸易问题, 2014, (2): 3—12.

[233] 周振华. 新型工业化道路: 工业化与信息化的互动与融合. 上海经

济研究，2002，（12）：5—7.

[234] 周振华.信息化进程中的产业融合研究.经济学动态，2002，（6）：58—62.

[235] 周振华,产业融合：产业发展及经济增长的新动力.中国工业经济，2003，（4）：46—52.

[236] 周振华.信息化与产业融合.上海：上海三联书店、上海人民出版社，2003.

[237] 周振华.产业融合中的市场结构及其行为方式分析.中国工业经济，2004，（2）.

[238] 祝新,叶芃,夏庆利.我国生产性服务业发展影响因素的实证研究.新疆财经，2012，（1）：12—19.

[239] 庄树坤,刘辉煌,张冲.中国生产性服务业发展的影响因素研究.技术与管理创新，2009，（11）：792—795.

后 记

最后一遍整理好书稿，心情突然放松，随之而来的是满心的感激之情。

本书是在我的博士论文基础上充实完善而成的，首先要感谢的是我的博士生导师刘纯彬教授和英国伯明翰大学Peter W. Daniels教授，感谢两位老师对我的指导和帮助，使我能够更好地学习和研究，顺利毕业。Daniels教授的照顾和关心使得我们一家在英国度过快乐的一年，至今仍是怀念。

感谢以中国社科院李海舰教授为主席的答辩委员会各位专家，以及评阅我博士论文的各位专家，你们对论文中肯而有价值的评价督促我努力改进同时又备受鼓舞。

感谢安徽大学经济学院，四年来，在经济学院我学到很多、经历很多。感谢我的博士研究生和硕士研究生们，谢谢你们的付出。

感谢我的爱人黄琼女士，是你的全力支持让我能够安心以及面对各种困难。感谢我的儿子杨鸣铉同学，虽然你经常要接受我的坏脾气，但转眼间你已是小男子汉了。

感谢北京大学出版社杨丽明编辑，谢谢您一直容忍我一次次推迟交稿，您的辛苦付出保证了本书出版的质量。

感激之情难以报答，唯有继续努力。

杨仁发
2018年5月20日于学府春天